서랍장 속의 주얼리 가게
낭만주부의 액세서리 쇼핑몰 운영기

서랍장 속의 주얼리 가게
낭만주부의 액세서리 쇼핑몰 운영기

초판 1쇄 발행 | 2009년 10월 25일
지은이 | 강미란
펴낸이 | 이은성
펴낸곳 | e비즈북스
편 집 | 허태영
교정·교열 | 배미령
디자인 | 김성희
삽 화 | 김지연

주소 | 서울시 관악구 봉천 11동 1655-14 영수빌딩 2층
전화 | (02)883-3495
팩스 | (02)883-3496
E-mail | ebizbooks@hanmail.net
등록번호 | 제 379-2006-000010호

ISBN 978-89-92168-43-4 03320
e비즈북스는 푸른커뮤니케이션의 출판브랜드입니다.

서랍장 속의 주얼리 가게
낭만주부의 액세서리 쇼핑몰 운영기

강미란 지음

e 비즈북스

CONTENTS

프롤로그 가정주부가 쇼핑몰 사장으로 살아간다는 것 · 8

part 01 쇼핑몰의 하루

- 오전 7시 · 14
- 오전 9시 반 · 15
- 魔(마)의 3시 · 21
- 오후 7시 · 25
- 그리고… · 27

part 02 꿈에서 현실로 발을 내딛다

- 파랑새를 따라서 · 32
- 직딩이 되다 · 37
- 발리에서 생긴 일 · 40

part 03 쇼핑몰을 꿈꾸다

- 일 한번 저질러 볼까? · 46
- '폼생폼사'보다는 실속! · 50
- 오픈마켓으로 출발! · 52

part 04 두 마리 토끼를 쫓다

- 그러나 내려놓기는 정말 아쉬울 때 · 59
- 워킹맘은 슈퍼맘 · 64
- 퇴근해도 끝나지 않는 일들 · 72

part 05 쇼핑몰 운영은 게임이다

- 게임의 법칙 · 78
- 액세서리 쇼핑몰의 특성 · 83
- 살아남는 자가 있는 곳이 블루오션이다 · 86
- 온라인쇼핑몰은 오프라인과 완전히 다르다 · 91
- 제품 사입의 기초 · 96

CONTENTS

part 06 쇼핑몰의 난관 헤쳐 나가기

- 전화응대 공포증에서 빠져나오기 · 106
- 액세서리의 복병, A/S · 113
- 상표권에 걸려 넘어지다 · 118
- 얄미워도 적은 만들지 말자 · 121

part 07 고객은 왕이 아니다?

- 쇼핑몰 4년 만에 경찰서를 가다 · 127
- 나는 왕이로소이다 · 133
- 도매처를 알려 달라고요? · 136
- 집으로 찾아온 청년 · 139

part 08 쇼핑몰의 딜레마 극복하기

- 새는 바가지를 막을까, 더 퍼다 나를까 · 148
- 지출증빙, 갖출까, 말까 · 150
- 광고비, 쓸까, 말까 · 155
- 돈을 벌까, 시간을 벌까 · 162

part 09 구멍가게도 기업처럼 운영하기

- 전화번호, 엔서링 서비스 · 171
- 고객상담 매뉴얼 · 173
- 4개의 파트 · 177
- 주 1회 회의 및 직원 교육 · 180
- 작은 부분도 프로페셔널하게 · 181
- 제품에 날개를 달자! · 184
- 전자가계부, 비서보다 낫다 · 187
- 진정한 브랜드로 자리 굳히기 · 189

part 10 이것이 힘이다, 밀란케이의 경쟁력

- 새가슴 철학 · 197
- 호감형 쇼핑몰 · 200
- 명품을 벤치마킹하라 · 204
- 지금도 쇼핑몰 운영을 공부한다 · 208

에필로그 · 214

> 프롤로그

가정주부가 쇼핑몰 사장으로 살아간다는 것

'홀아비 3년이면 이가 서 말이고, 과부 3년이면 구슬이 서 말'이란 말이 있다. 남성들은 앞만 보고 달리고 여성들은 주위를 보며 걷는다. 일반적으로 여성들이 집을 통째로 말아 먹었다는 말은 거의 듣지 않는 이유도 여기 있다. 주부는 행여 쪽박을 찰지 모르는 일에는 올인을 할 수가 없다. 나로 인해 내 아이가 더 힘들게 살고, 우리 신랑이 더 뼈 빠지게 일해야 할지도 모르는 상황을 만들고 싶지 않은 것이다. 모험을 하면 성공했을 경우 큰 보상이 생긴다는 것을 알지만, 잘못하면 이가 서 말이 될 수도 있기 때문에 큰 모험을 하지 않는다. 대신 거북이가 토끼를 이기듯 주위를 살피며 꾸준히 걷는다.

아주 오래 전 20대 초반이었던 때에 이모와 함께 미국 서부로 여행을 떠난 적이 있었다. 서부하면 빼놓을 수 없는 도시, 라스베이거스에서 며칠을 머물렀는데, 그 곳에서 난생 처음 슬럿 머신을 보게 되었다. 갬블러들을 위한 도시라고 불릴 만큼 거대하고 화려한 건물들과 시설에 눈이 휘둥그레졌다.

이모는 게임을 해보라며 내게 20달러를 주셨고 자신도 동전을 바꿔 게임을 시작하셨다. 슬롯 머신 앞에 앉아 동전도 넣어 보고 조심스레 당겨도 보고 이것저것 시험을 해보고 있는데, 바로 건너편 머신에서 잭팟이 터졌다. 앰뷸런스처럼 불이 번쩍이며 동전이 쉴 새 없이 쏟아져 나와 바닥 카펫에까지 쌓이는 진풍경이 펼쳐졌다. 곧바로 경호원 몇 명이 달려와 엄호하는 가운데 잭팟의 주인공은 돈을 챙겨 떠났고, 그 광경을 본 사람들은 너나 할 것 없이 돈을 들이부으며 게임에 더욱 몰두했다. 재미 삼아 1시간만 하자던 이모 역시 몇 시간째 떠날 생각이 없어 보였다.

나는 슬롯 머신이 동전을 그냥 먹어 버리기만 하는 것 같아서 재미도 없고 돈도 아까워 그저 동전 통만 들고 어슬렁어슬렁 돌아다녔다. 그러다가 바닥에 떨어져 있거나 사람들이 슬롯 머신에서 대충 쓸어가는 바람에 그대로 남아 있는 동전들을 발견했다. 심심한 마음에 한두 개씩 줍다 보니 그런 동전들이 생각보다 꽤 많았다. 두어 시간이 더 지난 후 돈이 다 떨어졌는지 이모가 나를 불렀다.

"미란아, 이제 그만 가자."

그때 내게는 70달러가 넘는 동전들이 있었다. 물론 게임을 해서 얻은 돈이 아닌 순전히 슬롯 머신에서 주은 돈이었다(주은 돈은 무조건 그 자리에서 다 써야 한다는 이모의 꼬임에 게임 밑천으로 다 **빼앗겨** 버리긴 했지만).

나는 새가슴이라 혹시라도 손해가 날 것 같은 큰일은 벌일 엄두를 내지 못한다. 주식투자를 해본 적도 없고, 로또나 복권은 사 본 적도 없다. 남들은 인생 '한 방'이라는데 아직껏 한 방이란 것을 경험해 보지 못해서인지도 모르겠다. 고리타분해 보일지도 모르겠지만 나는 어떤 일이든 '땀'보다 더 나은 방법은 없다고 생각한다.

이 책을 선택하신 여러분은 '액세서리 쇼핑몰로 부자 되는 법'을 기대했을지도 모르겠다. 그러나 죄송하게도 이 책은 '액세서리 쇼핑몰로 먹고 사는 법'이다. 평범하지만 위험하지 않게 내 일을 시작하는 방법 정도라고 해야 할 것 같다. 나와 같은 주부들에게는 쇼핑몰 창업 자체가 큰 모험일 것이다. 그렇기에 우선 매스컴에서 떠들어 대는 100억 누구누구의 쇼핑몰은 머릿속에서 지우길 바란다. 액세서리 쇼핑몰 운영은 남들이 흘린 동전을 줍는 것만큼이나 구질구질하고 감질난다.

나는 식당에 들어가거나 커피전문점, 마트를 가도 '몇 그릇, 혹은 몇 잔을 팔면 얼마가 남고' 하는 기본적인 손익계산을 하고 있다(완전 직업병이다). 누가 장사꾼 아니랄까 봐 보는 족족 머릿속에서는 저절로 계산기가 돌아간다. 그리고 결론을 낸다.

'그래도 내가 좀 낫다.'

매딘차이나(Made in China), 서당개 출신. 친구들이 나를 이르는 별명이다. 나는 덜렁거리고 꼼꼼하지 못하며 성격도 급하지만, 손이 빠르고 특징을 빨리 파악하며 금방 배운다. 손은 빠른데 꼼꼼하지 못하면, 배우는 건 빠르지만 긴 시간을 들여 진득하게 깨우치는 일은 할 수가 없다. 그런 성격 때문인지 나는 뭐든 빨리 배우고 또 흥미를 잃으면 당장 때려치우곤 했다. 친구들은 내가 이 일을 이렇게 오래 할 것이라고 아무도 생각지 못했다고 한다. 몇 년 만에 만난 동창들 모임에서 친구들은 "아직도 쇼핑몰인가 뭔가 그거 하냐?"고 물었다. 그러나 헤어질 때쯤 되니 너도나도 명함 내밀며 연락 좀 하고 지내잔다. 번듯한 직장 다니는 친구들이 부럽기도 하지만 나는 생각한다.

책을 읽어 달라는 핑계로 엄마의 작업실에 자주 들어오는 호기심많은 푸름이

'그래도 내가 좀 낫다.'

주부가 살림과 동시에 좋아하는 일을 하면서도 번듯한 직장을 다니는 것보다 수입이 낫다는 것. 그것은 역마살이 도져 때려치우고 싶을 때마다 이내 마음을 접고 다시 컴퓨터 앞에 앉게끔 만드는 매력적인 조건임에 틀림없다.

쇼핑몰의 하루

part **01**

오전 7시

"지잉~~~ 징~~~"

더듬더듬 궁둥이 뒤에서 진동으로 울리는 핸드폰을 찾았다. 벨을 끄고 조용히 일어나 보니 인형이며 그림책이 모두 이불 위로 올라와 있다. 늦잠꾸러기 3살배기 꼬마와 신랑, 고양이까지 모두 함께 세상 모르게 자고 있다. 평화로워 보이는 그들이 방해받지 않게 커튼으로 해를 가려 주고 살금살금 방을 빠져나온다.

나는 평범한 가정주부다. 식기세척기와 세탁기를 돌리고 밤새 아이와 식구들이 어지른 집안을 홀로 정리하기 시작한다. 아이를 어린이집에 등원시키기 위해 간식과 도시락 그릇, 여유 옷가지 등으로 가방을 꾸리고, 신랑을 출근시키려 아침식사를 준비하며 이불도 털고 빨래도 너는 평범

아기와 신랑, 고양이까지 함께 자고 있는
평화로운 아침

한 아침이 시작된다.

커피를 내리고 신문을 펼쳐들 약간의 여유가 생길 때쯤이면 시계가 9시를 향해 가고 있다. 참 신기하게도 같은 일을 매일 반복하다 보니 시계를 보지 않고도 지금쯤이면 몇 시겠구나 감이 온다. 아침잠 많은 가족들을 깨울 시간이다.

"다들 일어나~ 밥 먹어야지."

가족들은 아침을 거하게 먹는 편이 아니라서 간단히 토스트를 구워서 크림치즈나 계란을 넣어 주기도 하고 인터넷으로 2, 3일분씩 주문한 죽을 데워 먹기도 한다. 요즘엔 인터넷 쇼핑몰에서 아기 전용 반찬을 구입할 수 있다. 어른 것, 아이 것 나눠서 일일이 따로 반찬을 준비해야 했던 예전에 비해 아침을 준비하는 시간이 한결 짧아졌다. 간단한 아침식사를 하고 신랑이 출근할 무렵, 나 역시 아이를 어린이집에 바래다 주기 위해 서둘러 집을 나온다.

"엄마, 잘 가. 안녕."

"푸름이, 잘 있어. 이따 저녁때 데리러 올게."

이제 막 세 돌이 되어 가는 우리 딸. 처음엔 떨어지지 않으려고 울며불며 용쓰던 녀석이 이젠 먼저 작별인사를 한다. 선생님께 달려가 안기는 녀석을 보며 이제는 안심이 된다. 우여곡절이 많았지만 잘 적응하고 있어 대견하다.

오전 9시 반

아이를 어린이집에 보내면 빠른 걸음으로 다시 집으로 향한다. 우리의 업무는 9시 30분부터 시작되며 늦어도 오후 7시면 끝내는 것을 원칙으로 한다. 아이를 떼어 놓고 현관문을 여는 순간, 나는 더 이상 엄마도 아내도 아닌 사장이 된다. 동생은 이미 주변 정리를 하고 듬직한 직원이 되어 책상 앞에 앉아 있다. 서랍장이 열리면 평범한 가정집이던 곳은 '트랜스포머'처럼 액세서리 쇼핑몰로 변신한다. 각종 공구와 포장박스들, 칸칸이 정리된 주얼리 수납함이 연이어 나오고 안방과 거실은 순식간에 작업장이 된다. 번듯한 오피스텔도 아니고 세련된 인테리어로 장식한 매장도 아니지만 조금 전까지 식구들이 모여 아침을 먹던 이 작은 방은 더 없이 편안한 사무공간이 된다.

벌이가 웬만해질 때부터 오피스텔을 얻어 사무실을 꾸려 볼까 수도 없이 고민했다. 방에 상품 찾으러 들어갔다가 세탁물을 개고 있고, 커피 타러 갔다가 나도 모르게 설거지를 하고 있는 나. 집안일이 눈에 보일 때마다 본능적으로 주부로 돌아가 버리는 내 상황에 머리를 쥐어뜯고 싶었다. 그러나 슈퍼우먼으로 살아가야 하는 엄마로서 단돈 몇십만 원의 임대료도, 길에다 버리는 출퇴근의 30분도 허투로 낭비할 수 없는 상황들이 발목을 잡았다.

나와 동생은 창가를 향해 있는 2대의 컴퓨터에 나란히 앉아 일한다. 좌식 컴퓨터 2대가 나란히 붙어 있고, 책상 사이엔 각자 진행하는 업무를 확인할 수 있는 파일들이 꽂혀 있는 작은 폴더가 끼워져 있다. 아이가 있는 집에 좌식 컴퓨터 책상은 좀 위험하지 않겠냐고 생각하는 사람들이 많겠지만 식탁에 앉을 때조차도 양반 다리를 하고 앉아야 편한 내 습관 때문에 동생도 이해하고 넘어가 준 부분이다.

벽에는 각자의 할 일과 월간 목표가 적혀 있는 프린트, 스케줄이 빼곡히 적힌 커다란 달력 등이 달려 있어 건망증 심한 내게 오늘 해야 할 일들을 알려 준다. 건망증이야 바쁜 현대인들에게는 어쩔 수 없는 지병이라고들 하지만 나는 정도가 심하다. 황급히 집을 나와 막 출발하려는 버스를 가까스로 세워 타고는 밑을 확인해 보니 신고 있는 신발 한 짝이 동생 운동화였다거나, 아무 생각 없이 지갑이랍시고 들고 나가 슈퍼에 가서 계산하려 보니 들고 있는 것은 리모컨이었다는 황당한 일들이 내게 종종 일어난다. 친구들은 머리가 너무 좋아서 그런 거라며 '천재가 되려나 보다'라는 우스갯소리를 하면서 재밌어 하지만, 고객이 이런 황당한 상황을 겪었을 것을 상상해 보라. 식은땀이 난다. 절대 다시는 있어서는 안 될 일이다. 때문에 책상 위에는 메모를 하기 위한 작은 수첩들, 각종 계획이나 할 일들을 적은 종이들이 고3 수험생 못지않게 늘어나게 되었다.

다행히도 우리 집에는 TV가 없다. 아침드라마와 뉴스에, 자연스레 케이블까지 연이어 몇 시간을 빼앗길 수 있는 일상의 유혹이 없는 셈이다. 집에 돌아오면 잠들기까지 얼마 되지 않는 시간, 하루의 일상을 얘기하며 서로에게 좀 더 귀 기울이기 위해 결혼과 함께 살림목록에서 TV를 빼 버린 것은 지금 생각해도 참 잘한 일인 것 같다(대신 노트북을 포함해 집안에 3대의 컴퓨터가 있어 가끔 피시방을 방불케 한다).

아침 커피는 거의 내가 만든다. 동생은 내가 만드는 우유거품 가득한 카푸치노 커피를 좋아한다. 쇼핑몰 일을 하면서 즐기게 된 몇 가지 중 하나가 커피이다. 평소 커피를 좋아하지 않던 동생과 나. 인

집에서 만든 우유거품 가득한 카푸치노

스턴트커피보다 원두커피가 건강에 좋다고 해서 몇 달 전부터 이것저것 맛을 보다 보니 향기에 중독되어 버렸다. 최근에는 오랫동안 벼르던 에스프레소 머신을 하나 장만해 요것조것 맛난 커피 만들어 마시는 재미에 푹 빠졌다. 집안에서 대부분의 시간을 보내는 직업이다 보니 이것 또한 취미의 하나가 되었다.

"커피 마실래? 원두커피 새로 볶았는데 향 진짜 괜찮다!"

"좋지."

그리고 편안한 음악들. '음악치료'라는 것이 있을 정도로 음악은 마음의 병을 치유하는 삶의 윤활유, 그 이상의 역할을 한단다. 인터넷에서 클래식이나 유럽 재즈 등을 구입해 모아둔 폴더를 열었다. 음악과 함께 하는 향긋한 원두커피는 마치 카페에 와 있는 기분이 들게 한다.

우리는 각각 능숙하게 게시판 답변과 주문을 확인하면서 주말에는 무얼 했는지, 점심엔 무얼 먹을지, 다음 주에 떠날 여행은 어떨지 등에 대한 수다를 떤다. 그러나 대략 1시간 내외의 이 짧은 홈 카페 타임은 어느새 지나가고 그 사이 울리는 몇 건의 상담전화가 동생과 나의 대화를 끊는다.

"미나야, 오늘은 새로 귀걸이 올릴 것 좀 디자인하고, 내일 남대문 나가니까 빠진 물건 살 때 장식이랑 체인할 것 사 오면 되겠다.

디자인 생각해 본 거 좀 있어?"

"언니 폴더에 넣어 놨으니까 확인해 봐. 난 사진 찍은 거 손 좀 보고. 참, 수요일쯤 촬영할 거지? 다시 찍어야 할 게 몇 개 있더라. 쓸 만한 게 별로 없어서 다시 찍는 게 나을 거 같아."

동생은 그동안 틈틈이 캡쳐해 컴퓨터에 저장해 둔 자료들을 공유 폴더로 넣어 주며 이것저것 부연설명을 한다. 건네받은 자료를 열어 검토하며 일주일의 스케줄을 짜고 있을 때쯤, 손이 꼼꼼한 직원인 동생은 주문서를 정리해서 출력하고 제품들을 검품하며 하나씩 송장 위에 올려놓는다. 자연스레 말은 줄어들고 손은 빨라지기 시작한다(우리는 오전에 주로 업데이트할 제품 촬영이나 편집, 광고 등 각자 맡은 일을 하다가 점심시간 이후부터 함께 배송 업무에 들어간다).

2시가 훌쩍 넘어가고 있는데도 아직 점심 먹을 생각조차 않고 있었다. 미안한 마음에 동생에게 간식 제의를 해본다.

"배고프지? 빵이라도 데워 줄까?"

"손에 기름기 묻으면 물건 못 싸잖아. 이거부터 해치우고서 뭐 좀 먹자."

제품의 상당수가 큐빅이나 크리스털이다 보니 손에 기름기가 있으면 제품 표면에 지문이 찍히고 큐빅의 광택이 탁해진다. 백화점이나 보석상들처럼 면장갑을 끼고 만지는 것까지는 아니더라도 최소한 작업을 하기 전에 비누로 깨끗이 손을 씻어 기름기를 제거한다. 그러다 보니 작업하면서 군것질하는 것은 쉽지가 않다.

중고가의 제품들이라 큐빅의 광택이나 포장 등까지 신경 쓰지 않으면 자칫 싸구려 물건처럼 보일 수 있기 때문에 물건을 포장하는 데도 신경을 많이 쓰게 된다. 적은 인원으로도 하루에 몇백, 몇천 개씩 포장한다는 일반적인 품목들과는 다르게 액세서리는 포장하는 데 시간이 참 많이 든다. 큐빅 알이 빠졌거나 헐겁지 않은지 확인하고 귀걸이 같은 것은 열었다 닫았다 작동을 직접 해보고, 텐션이 적당한가도 봐야 한다. 사이즈를 줄여 달라는 고객도 있고, 알레르기가 있어서 은침이나 금침으로 귀침 교체를 원하는 고객도 있다. 자체제작하는 제품들도 있어서 맞춤주문도 한다. 4년을 운영하면서 이제는 제법 손이 빨라져 '눈 감고도 척척'이라고는 하지만 주말이 지난 월요일은 물량이 많은 편이라 둘 다 점심도 굶고 굵은 땀을 흘리며 포장을 한다.

월요일은 바쁜 만큼 전화도 많다. 나는 몇십 분에 한 번씩 울려대는 전화통을 옆에 끼고 컴퓨터 앞에 앉아 제품 상담을 하며, 송장 위에 별도의 주의사항을 적어 주기도 하고 제작 상품들을 만든다.

전화가 또 온다. 손에 니퍼와 손보고 있던 목걸이를 든 채로 전화를 받는다.

"안녕하세요, 밀란케이입니다."

"예, 어제 전화 통화하고 주문했던 사람인데요."

어제도 3번이나 전화해서 물어본 것 또 확인하고 게시판에 글까지 남겼던 고객이다. 차라리 사지 말았으면 하는 생각이 들 정도였다. 그러나 고객이랑 싸우면 나만 손해다. 참자 생각하며 전화를 받는다.

(감정을 억누르며 최대한 상냥하게) "예, 고객님. 받으신 제품에 문제가 있었나요?"

"저기, 오늘 물건을 받았는데… 너무 마음에 들어요. 실제로 보니까 더 예쁜 것 같아요. 어제 너무 귀찮게 해 드려서 죄송했어요. 궁금해 하실까 봐 잘 받았다는 말씀드리려고 전화했어요."

이런! 왜 뜸은 들이셔서 불안하게 하시나. 예상을 빗나간 고객의 전화에 오늘 하루의 피로가 싹 가시는 듯하다. 칭찬은 고래도 춤추게 한다더니 절로 신바람이 나고, 엔돌핀 효과인지 고팠던 배는 언제 그랬냐는 듯 아무렇지도 않다. 실은 어제 전화통에 불이 날 때부터 '이 고객 반품한다'에 맘속으로 한 표를 찍었기에 괜히 부끄럽고 죄송해지기도 하다. 역시 장사는 오래했다고 자만할 게 아니라는 교훈을 다시금 일깨우게 된다.

魔(마)의 3시

본격적으로 마무리에 들어가야 하는 시간이면서 최종적으로 확인해야 할 것들이 많아진다. 우선 마지막 무통장 입금 내역을 확인한다.

"언니, 더 들어온 것 없지? 송장 프린트한다."

"잠깐! 뭐야, 왜 이제야 입금했어? 어떡하지?"

난감한 상황이지만 매일 이 시간이면 자주 있는 일이다. 게다가 이렇게 한 사람이 많은 품목을 주문한 경우엔 포장시간이 길어져 더 난감하기도 하다. 고객들께 공지해 놓은 입금 마감시간은 오후 3시지만, 어제 주문한 거라도 3시가 조금 넘었다는 이유로 내일 보내 주면 분명 받는 사람 입장에선 배송이 느린 곳이라고 생각하게 된다. 이런 경우 우리는 좀 무리가 되어도 되도록이면 입금 당일에 발송을 하는 편이다.

그리고 빼먹지 말아야 할 것! 마지막으로 고객게시판을 확인하는 것이다. 가끔 배송취소를 요청하거나 주문 시 빼먹은 것을 게시판에 적어 두는 고객들이 있기 때문이다. 고객 입장에서는 배송 전에 게시판에 적어 두었으니 취소한 물건이 발송되거나 요청사항이 적용되지 않은 것은 무조건 쇼핑몰의 책임이 된다고 생각한다. 이것은 공지에 명시해 놓았어도 항상 설득이 되지 않는 부분이다.

"김태희 고객은 심플캐럿목걸이 체인을 38cm로 줄여 달라고 게시판에 글 올라왔다."

"응, 알았어. 그것만 줄이면 되는 거야?"

"5만 2800원인데 5만 3000원 입금한 장진희 고객은 200원 적립금으로 해 달라고 하니까 박스에 넣지 말고. 참, 10만 원 넘게 구입한 고객들은 저번 주에 새로 들여온 헤어핀 한 쌍씩 넣어 드리고."

했던 말을 두 번 세 번 반복하며 자꾸 확인하는 통에 동생이 정신 없다고 종이에 적어 달란다. 노트를 한 장 뜯어 번호를 매겨 고객들 요구사항을 간단히 메모해서 건네주었다.

4시가 넘어갈 때쯤엔 어느 정도 포장이 다 끝나야 한다. 오늘 보내야 할 물량을 제 시간에 다 포장하지 못할 것 같아 서두르다 보면 등줄기에서 식은땀이 난다. 고등학교 때 시험시간은 다 끝나 가는데도 뒷면에 아직 더 풀어야 할 문제가 남아 있었던 기억이 난다. 정신이 혼미해지도록 당혹스러워 가슴 쿵쾅거리던 그때처럼 머리에 현기증까지 난다.

도처에 깔린 지뢰밭을 지나 고지가 가까워 온다. 자, 정신 바짝 차리고! 손은 빠르고 정확하게 마지막 속력을 내 본다.

"미나! 아직 더 남았어?"

"응. 3개(3박스)는 더 싸야 하는데 어떡하지? 아저씨 오실 때 다 되가는데… 손님들한테 전화해서 내일 발송한다고 하면 안 될까?"

"이 손님은 내일까지 받아야 한다고 전화까지 했는데 이제 와서 못 보낸다고 하면 난리 난다. 우선 이건 되도록 빨리 싸고 나머지 손님들한테는 내가 이따가 전화해 볼게."

평소 5시가 살짝 넘어갈 때쯤이면 작은 박스들을 담아 현관 앞에 차곡차곡 쌓아 놓고 기사님들을 맞이했는데 오늘은 다 싸기도 전에 시간이 넘어 버렸다. 둘이 붙어서 급한 건부터 포장을 하고 있는데 초인종이 울리고, 노란 화물 박스를 가지고 우체국 택배 기사님 두 분이 들어오신다.

"죄송해요. 아직 3개 더 싸야 하는데 어쩌죠?"

"괜찮습니다. 천천히 하세요. 저희는 밖에서 담배 한 대 피우고 오겠습니다."

종종 기사님들을 기다리게 하는 일이 있는데 그럴 때마다 박스를 다 포장하도록 기다려 주시곤 한다. 택배 기사님들 때문에 열 받고 황당한 경험도 종종 있었고, 배송지연이나 분실로 곤욕을 겪었던 적도 있어 택배사를 여러 번 바꾸기도 했다. 지금의 기사님들도 나의 클레임으로 택배사에서 교체되어 새로 오신 분들이다. 바쁘실 텐데도 재촉을 하지 않아 고맙다.

기사님들이 고마워 가끔 신랑이 보약처럼 마시는 포도즙도 하나씩 드시라고 건네기도 한다. 올 추석엔 잊지 말고 작은 선물이라도 미리 챙겨 드려야겠다.

"다 나온 건가요?"

"예!"

"그럼, 내일 뵙겠습니다. 수고하세요."

바코드를 다 찍어 입력한 기사님들이 대문 밖을 나가신 후에야 마의 시간은 종료를 한다. '휴~ 다 됐다.' 그렇게 제품들을 보내고 나면 완전 기진맥진이다. 전에는 너무 늦어 버려 어쩔 수 없이 기사님을 돌려보내고 자가용으로 20~30분 정도 거리에 있는 우체국 소포실로 직접 가져다 드린 적도 있다. 소포실은 8시까지 마감하기 때문에 많이 늦을 것 같은 날이면 미리 전화를 드리고 차로 직접 물건을 날랐다. 그러나 하루 일과에 차질이 생기기 때문에 어떻게든 시간 안에 끝내기 위해 서두른다. 이렇게 각 시간마다 해야 할 일들이 정해져 있는 것도 그런 이유 때문이다.

동생은 쇼핑몰과 각 오픈마켓에 운송장 번호를 입력하고 재고가 빠진 물건을 체크하며, 나는 전자가계부를 정리한 후 마지막 게시판 답변을 다는 등 서둘러 막바지 작업을 한다.

내일은 사입을 나가기 때문에 A/S 맡겨야 할 것들을 개별 폴리백에 넣어 사입가방에 옮겨 넣는다. 수량이 얼마 남지 않은 물건들이라며 동생이 적어 놓은 메모를 깨알 같은 글씨로 손바닥 만한 수첩에 거래처별로 옮겨 적는다. 수첩은 호주머니에 넣고 다니다가 커닝페이퍼 보듯 슬쩍 꺼내 보기 딱 좋은 사이즈이다. 큰 수첩은 들고 다니기도 무겁지만 내 건망증이 치매에 가까워 물건을 고른답시고 내려놓고 그대로 거래처에 두고 와 버리는 경우가 다반사이기 때문이다.

오후 7시

신데렐라의 마법처럼 7시가 되면 모든 것을 원상태로 돌려놓아야 한다. 7시가 가까워 오면 모든 업무가 종료되고 나의 주얼리 가게는 다시 서랍장 안으로 서둘러 철수를 한다. 아이가 돌아올 시간이기 때문이다. 직원이었던 동생은 아이의 이모로 돌아오고, 나는 푸름이 엄마이고 아내인 생활로 돌아와야 한다. 우겨 넣든 밀어 넣든 시간 안에 모든 것을 끝내지 않는다면 엄마의 일은 가족 모두에게 스트레스가 된다. 쇼핑몰 일은 중독성이 강해 단호히 끊어 내지 않으면 습관적으로 하루 종일 컴퓨터 앞에 앉아 있는 자신을 발견하게 된다.

예전에는 그게 보람이고 즐거움이었던 때가 있었다. 대학 시절 밤새 작업을 하다가 해를 보는 아침이면 모닝커피 한 잔에 작업용 앞치마를 멘 채로 과 친구들과 해장국을 먹으러 가던 때가 있었다. 열정에 불타오르던 직장인 시절에도 며칠 야근을 불사하면서까지 일을 마무리하고는 스스로 프로페셔널이 된 듯한 생각에 뿌듯하기도 했었다. 남들 눈에는 생고생으로 보이는 이런 것들이 내게는 멋이고 즐거움이던 어린 때였다. 쇼핑몰 초창기 2년간도 열정으로 온종일 쇼핑몰에 매달려 살다시피 했다. 노력한 만큼 돌아오는 삶의 법칙에 한창 맛이 들려 있었기 때문이다(사실 평생 이렇게 살다가는 시쳇말로 제 명에 죽기 힘들다). 그러다 아이를 임신하고 열정만큼 체력이 따라 주지 못함을 실감하게 되었다.

20대의 내가 100m 스프린터였다면 30대의 나는 42.195km의 멀고도 고된 길을 달려야 하는 마라토너이다. 이제 자신의 컨디션을 살피며 달려야 할 때와 조절해야 할 때를 구분해야 성공적으로 완주할 수 있다는 것을 알게 되었다. 미친 듯이 달렸다간 제풀에 나가떨어지게 된다.

정확히 7시가 넘으면 전화선을 뽑아 버리며 업무가 끝났음을 스스로에게 알린다(이후 시간에 고객이 전화를 하면 업무가 끝났음을 알리는 멘트가 나오도록 서비스를 신청해 놓아 무리는 없다). 정리가 덜 된 아이 장난감이나 널려 있는 빨래들, 설거지할 것들이 조금씩 쌓여 있긴 하지만 쇼핑몰의 흔적은 남아 있지 않다.

"땡~동 땡동~"

"누구지? 미나야! 언니 물건 정리하고 있다. 네가 문 열어 줘."

동생이 인터폰을 든다.

"누구세요?"

"택배입니다. 택배요!~"

어찌나 큰 소린지 방 안까지 들렸다. '이 시간에 택배 올 게 있었나?' 하는데 이어 밖에서 웃음소리가 들린다.

"어?! 뭐야~ 형부잖아."

몸이 안 좋아 오늘은 평소보다 일찍 일을 마쳤다는 신랑은, 어린이집에서 오는 길에 시장에 들렀다며 튀김과 순대 등 군것질거리를 잔뜩 사 들고 들어왔다. 신이 난 우리는 봉지부터 뜯어 입에 문다.

"뭐야… 일찍 들어온 신랑보다 간식이 더 반가운 거야?"

"월요일이잖아. 오늘 좀 바빴어. 우리 아직 점심도 못 먹었다고~"

그러고 보니 벌써 점심시간은 넘은 지 오래고 저녁식사 때가 다 되어 가고 있다. 끼니 좀 거르지 말라는 신랑의 입버릇 같은 잔소리가 또 시작된다. 나는 얼른 입막음을 할 겸 '신랑 일찍 들어온 기념'이라는 핑계로 맛있는 거 먹으러 나가자고 가족들을 모은다. 분위기는 급반전되고 순식간에 아이와 함께 온 가족이 우르르 저녁 나들이를 나간다.

아직 해야 할 집안일이 남아 있긴 하지만 우선순위에 두지 않는다. 덕분에 집이 반들반들 윤이 나거나 냉장고 안의 반찬들이 차곡차곡 정리되어 있는 깔끔함은 없지만 나의 최선에 신랑은 늘 한 발짝 물러서 준다.

그리고…

아이는 졸린 눈을 비비면서도 계속 책꽂이에서 책을 가져다가 나른다.

"이게 마지막이야. 푸름이 이제 자야지?"

아이를 품에 안고 책을 읽어 주며 토닥토닥 두드려 주니 눈이 가물가물해진다. 외출까지 해서 많이 피곤했던지 곧 잠이 들 것 같다. 품에 안겨 눈을 꼭 감고 잠들어 있는 모습이 천사나 다름없다.

일을 마치고 저녁을 먹고, 아이 목욕까지 시키고 재우고 나면 11시가 넘는다. 그냥 잠들 때도 있긴 하지만 못 다한 일들이 남아 있어 잠이 든 아이를 내려놓고 슬며시 거실로 나온다. 밖에 쇼핑하러 나갈 시간이 많지 않은 나는 주로 늦은 밤에 컴퓨터를 켜고 인터넷 쇼핑을 한다. 오늘은 아이 먹을 간식이랑 식재료를 주문해야겠다. 아침에 입을 옷이 없다며 어제 입던 옷을 다시 주워 입고 나간 신랑이 떠올라 내친김에 속옷이랑 티셔츠도 몇 벌 고르고 나니 자정이 넘어간다.

내일 아침엔 사입을 하러 나가야 하니 일찍 자야 하는데 많이 늦었다. 액세서리는 의류와는 다르게 대부분 오전 6시에 열어 오후 5시경 문을 닫기 때문에 생활 패턴에 맞춰 움직이기 편해 좋다. 부피도 작아 가방 하나에 사입 물건이 다 들어가기 때문에 특별히 바쁜 경우가 아니면 동생에게 편집을 맡기고 혼자 사입을 나간다. 월요일은 할 일이 많기도 하지만, 다른 사입자들도 시장으로 많이 몰리는 요일이라 되도록 피해서 화요일, 목요일에 사입을 나간다. 좀 한가한 때 나가야 거래처들에게 이것저것 반응도 물어보고 제품도 꼼꼼히 확인하며 구입할 수 있기 때문이다.

매일 반복되는 가사노동과 육아스트레스로 어쩌면 기저귀 폭탄이라도 던지고 자폭해 버렸을지도 모를 초보주부의 좌충우돌도 이제는 제법 능숙해져 여유롭기까지 하다. 이제 쇼핑몰은 내게 단순히 맞벌이의 일환으로 하는 밥벌이를 넘어서 사업이며, 삶의 활력소이고 또 중독이기도 하다. 모든 여자들이 모두 다 아기를 잘 키우고, 집안일을 좋아하는 건 아니다. 일을 하지 않으면 병이 나는 여자도 있다.

가정주부가, 그것도 아이가 있는 엄마가 일을 한다는 것은 정말 정말 쉽지 않다. 5년 전 30만 원으로 시작할 때는 밑져야 본전이란 생각에 발을 들여 놓았다. 그러나 그런 때는 이미 지났다. 더 이상 잃을 것이 없던 때와는 상황이 많이 변했다. 이미 많은 것을 얻었고 지켜야 할 것들이 늘어난 상황에서 무리수를 두는 것은 도박이나 다름없다.

음식점을 해서 100억을 버는 사람이나 프랜차이즈로 성공해 거상이 된 사람들, 삼성이나 현대의 신화적인 얘기들을 듣고 선뜻 '나도 아이 키우며 쉬엄쉬엄 할 수 있겠다'라고 생각하는 엄마들은 거의 없다. 그런데 유독 쇼핑몰의 대박에 대해서는 쉽게 보고 뛰어드는 사람들이 많다.

그러나 100억 신화를 꿈꾸며 쇼핑몰에 뛰어든다면 차라리 로또를 하는 편이 낫다. 처음부터 너무 높은 기대치에 큰 꿈을 가지게 되면, 그만큼 실망과 좌절감도 커진다. 불필요한 지출도 많아지고 '100억 벌 건데, 2, 3천 투자 못하겠어?'라는 생각도 하게 된다. 그러나 손가락 사이로 빠져 나가는 모래알처럼 큰 욕심은 큰 손실로 돌아오게 된다.

손을 모으고 집중해 작은 목표로 소박하게 꿈꾸자. 오늘 쇼핑몰을 차렸다면, 이번 달 매출은 100만 원에 도전하고 목표량을 채우도록 노력하자. 그리고 그 다음은 300만 원, 500만 원, 1000만 원…. 이렇게 꿈을 늘려가자.

내 작은 주얼리 서랍장

쇼핑몰 업무가 규칙적인 생활로 자리 잡히기까지 많은 시행착오도 있었고 웃지 못할 에피소드도 많았다. 이래저래 부딪히고 버티다 보니 어느덧 일하는 엄마로 발을 동동 구르는 일들도 줄었고, 내 나름의 삶의 교훈들도 생겼다. 예전처럼 대박을 위해 100% 매진할 수 없음이 너무 속상하고, 전업주부만큼 정성을 쏟아줄 수 없음이 항상 아이에게 미안하지만 지금은 이 여유로움을 좀 더 즐기고 싶다.

나의 서랍장엔 100억의 대박신화는 없다. 대신 매일 같이 콩나물에 물을 주듯 그렇게 조금씩 자랐고, 아이를 키우는 일처럼 고비를 넘길 때마다 성장하고 커가는 기쁨과 보람을 안겨 주는 하나의 직업이 있다. 그리고 이제 겨우 5살이 됐다.

part **02**

꿈에서 현실로 발을 내딛다

파랑새를 따라서

대학 시절 전공은 금속공예였다. 그러나 엉뚱하게도 내 꿈은 가수가 되는 것이었다(실은 고등학생 때부터의 꿈이었다). 대학만 가면 내가 하고 싶은 것을 할 수 있으리라 굳게 믿었고, 입학 후 얼마 지나지 않아 학교 하드 록(Rock) 밴드의 보컬이 되었다. 대학가요제 등에 참가하기도 해서 학교 내에서 나를 모르면 간첩이라고 할 정도로 유명했다. 그 후 늦은 나이에 음악학교에 다시 들어가고 재즈보컬로 클럽에 서며 음반기획사에서 앨범을 준비하면서 긴 시간을 인내해야 했던 시절, 좌절 끝에도 끝내 음악을 놓지 못하고 레코딩 엔지니어라는 이름으로 밥벌이를 해야 했던 시절이 있었다. 나에게는 책 한 권으로 써도 모자란 구구절절한 사연이지만, 요점만 얘기하자면 10년이나 되는 긴 시간 동안 꿈을 쫓아 참 먼 길을 다녀왔다는 그런 내용이다.

20대의 나는 폼 나는 일, 표 나고 주목 받는 화려한 인생을 꿈꾸었던 것 같다. 내가 금속공예를 전공한 것은 보석이나 액세서리를 좋아해서가 아니었다. 그림처럼 평면작업이 아니라 앞뒤, 위아래가 있는 입체적인 상품디자인의 한 분야여서 재미있었고, 무엇보다 '보석 디자이너'라는 생소한 타이틀이 근사해 보였기 때문이다. 그리하여 일류대는 아니지만 서울 사대문 안에 있는 사년제 대학에 학과수석으로 입학해서 졸업할 때까지 선두를 놓치지 않았고, 가족들과 친구들 사이에서는 공부도 잘하고 놀기도 잘하는 튀는 학생으로 지냈다 (내 입으로 이런 말을 하긴 좀 민망하다). 그러나 표면상으로 주된 공부는 전공 분야였지만, 몰두하고 있던 것은 취미라는 명목의 음악이었다. 결국 미국 유학에서 돌아온 후, 대학 시절부터 오랫동안 공부해 온 전공을 뒤로 하고 열정이 향하는 음악으로 방향을 전환했다.

당시 나는 학생인 동생과 서울에서 자취를 하고 있었는데 노래를 계속해야 하기 때문에 하루 종일 회사에 매여 있어야 하는 일은 할 수 없었다(클럽에서 재즈보컬로 노래를 하고 있었지만, 밴드 팀원과 나눠야 하는 공연료는 겨우 용돈밖에 되지 않았다). 그럼에도 생활비는 벌어야 했기에 배운 게 도둑질이라고 전공과 관련된 보석 디자

클럽에서 재즈 보컬로 활동하던 시절

인을 프리랜서로 택하게 되었다. 학창시절 좋은 성적을 유지했던 것이 여러 모로 좋게 작용했는지 30평 넘는 교수님의 큰 작업실을 전기세만 조금 보태는 정도로 함께 쓸 수 있었다. 주로 전시회 기획을 하거나 개인적인 고객의 의뢰로 귀금속 디자인을 하는 일을 했으며, 명함에도 작가로 새기고 작업실까지 갖추고 있었으니 겉보기에는 무척 그럴 듯해 보였다.

그러나 사실 빛 좋은 개살구였다. 적극적으로 영업을 할 수 있는 능력도 못 되서 교수님의 추천으로 알게 된 지인들만을 상대로 일하고 있었고, 우선순위는 늘 음악이어서 합주다 연습이다 해서 작품을 만들 시간은 턱없이 부족했던 것이다. 다행히도 여자는 돈이 떨어지면 팔자가 세진다고 생각하셨던 어머니께서 말없이 생활비나 용돈을 내 통장에 넣어 주셨기에 그나마 유지가 가능했다. 남 보기 멋있는 일, 폼 나고 명예로운 그럴싸한 직업들은 사실은 그 분야의 손꼽히는 몇몇을 제외하고는 밥벌이라고 하기엔 참으로 민망한 수준이다. 호수 위에서 여유롭고 우아하게 떠 있는 백조만을 동경했지 물 밑으로 가라앉지 않기 위해 쉴 새 없이 허우적거려야 하는 상황일 줄은 몰랐던 것이다.

우여곡절의 시간이 흘러 내 나이 달걀 한 판을 채워가던 해, 당시 궁여지책으로 음향(레코딩) 엔지니어로 2년간 일하던 곳에서 지금 신랑을 만나 결혼을 했다. 내게 결혼이란 파랑새를 잡으려 그토록 고단하게 휘두르던 그물채를 내려놓는 것이었다. '순풍에 돛 단 듯' 이란 말처럼 돛만 올리면 바람이 나를 밀어 주고 특별한 고생 없이 흘러갈 수 있는 전공을 뒤로 한 채, 내 열정만을 쫓아 보물섬이 있는 그곳으로 미친 듯이 밀고 나가던 나의 무모했던 항해는 여기서 끝내야만 했다.

무한한 가능성이 있는 꿈에서, 실현 가능한 꿈만이 남아 있는 현실은 내게 절망적이었다. 몇 년 동안을 금단의 고통에 가슴이 아려 와 어떤 음악도 들을 수가 없었다. 그러나 시간이 약인지라 나는 그 현실에 적응해 갔다.

누가 그랬는가? 좋아하는 일을 하면 성공한다고. 매스컴이나 성공신화를 다룬 책은 무슨 공식처럼 이렇게 말한다. 이런 말을 들을 때마다 정말이지 가슴이 울컥하며 혼잣말이 나온다. '웃기시네.'

남보다 좋아하는 일이어도 당연히 남보다 잘해야 성공한다. 세상에는 기립박수를 쳐 주고 싶을 만큼 강한 정신력과 의지를 가진 사람들이 있다. 우리는 그들을 보며 자신도 그렇게 될 수 있다고 꿈꾸고 노력하지만, 대부분의 사람들은 운명의 파도를 거스를 만큼 강하지 못하다.

난 요즘 출산 후 불어난 몸무게를 10kg 이상 빼기로 맘먹고 다이어트 중이다. 그래서 스텝퍼와 덤벨 같은 운동기구도 구입하고, 정보를 얻기 위해 '살과의 전쟁'으로 시작되는 원초적인 이름의 다이어트 카페에도 가입했다. 가입하고 보니 인구의 절반이 다이어트를 하고 있다고 해도 과언이 아닐 만큼 회원 수가 많았다. 그들 중 일부는 성공해서 다른 사람에게 자극제가 되고 있지만, 대다수는 수개월에서 수년간 아직도 다이어트 중이다. 물론 요즘 베스트셀러인 다이어트 책에서 말하는 것처럼 '누구나 10kg을 뺄 수 있다.'

그러나 현실에는 단 2~3kg도 빼지 못하고 요요현상을 겪거나 힘들어하는 사람들로 가득하다. 똑같이 먹고 똑같이 운동해도 누구는 10kg가 빠지고, 누구는 겨우 2~3kg이다. 게다가 체질상 아무리 먹어도 살이 안 찌는 타고난 날씬이들도 있다. 신은 정말 불공평하단 말이 절로 나온다.

잔인한 말이지만, 결론은 좋아한다거나 미친 듯이 바라고 노력해도 모두가 똑같이 다 가질 수는 없다는 것이다. 어느 것 하나 내세울 것 없는 우리는 더 노력하고, 더 독해져야 하지만 대다수는 포기하거나 현실을 그냥 받아들이고 살아간다. 일반적인 범주에 들어가는 '우리'는 겨우 몇 킬로그램도 못 빼서 몇 년째 고무줄 바지로 살고 있으면서도 개개인이 가진 역량이 모두 다르다는 것을 받아들이기 힘들어하는 것이다.

그렇다면 우리같이 지극히 평범한 사람들은 그냥 이렇게 살아야 한다는 말인가? (이미 눈치채고 있겠지만) 방법은 두 가지이다. 기립박수를 받을 만큼 역전의 투혼을 보여주든가, 아니면 자신에게 유리한 일을 먼저 찾아보는 것! 직업이란 좋아 보이는 것, 하고 싶은 것이 아니라 잘할 수 있는 것, 남보다 내가 했을 때 더 유리한 것을 선택하는 것이며, 돈을 잘 벌어서 자신의 삶을 안정시킬 수 있는 것이어야 한다.

세상에는 삶이 힘들어지고 무너져도 그것만 하면 행복한 일은 어디에도 없다. 자신이 잘하는 것, 안정적인 삶을 지탱할 수 있는 일을 하다 보면 그것을 잘하는 자신이 자랑스러워지면서 그 일도 좋아지는 것이다. 싫든 좋든 남보다 유리한 위치에서 시작할 수 있는 일들은 얼마든지 있다. 별 볼 일 없고 작은 곳이지만 내가 최고가 될 수 있는 만만한 곳부터 공략해야 한다. 자신이 잘하는 일을 제대로 알고 덤벼야 한다는 것, 자신이 가진 경쟁력을 잘 파악하는 것, 그것이 성공의 첫걸음이다.

직딩이 되다

인간은 누구나 자신이 특별하다고 생각한다. 그러나 사람은 자기 자신이 특별하다고 믿는 순간, 나는 예외일 거라고 생각하는 순간 나태해진다.

내게는 미국에서 25년 넘게 사시는 이모 한 분이 계신데, 내가 미국으로 유학을 간 것도 이모가 미국에 계셨기에 부모님께서 안심하고 보내주신 것이었다. 현재는 이모부가 계시지만 당시에는 이모와 단둘이 같이 살았고, 지금까지도 한 번 전화할 때마다 평균 2시간 이상씩은 통화를 해야만 하는 사이이다. 사람의 나이를 정신연령으로 구분할 수만 있다면 이모는 내게 언니이고 친구이며, 힘든 굴곡을 수없이 넘고도 항상 도전적인 성공한 커리어우먼이자 나의 롤모델이기도 하다.

10여 년 전에 이모가 내게 해 주셨던 말이다.

"너는 네가 굉장히 특별하다고 생각하지? 내가 볼 때 너는 수백 년 역사 중 한 해에, 수백 개의 나라 중 한 나라 안에 있는, 수백 개의 대학 중 하나에서 1등을 했을 뿐이야. 몇백 개의 나라에서, 또 몇천 개의 대학에서 몇 만명씩 1등이 해마다 쏟아져 나오고 있어. 네가 아직도 특별하다고 생각하니? 넌 그 수십만 명 중에 하나일 뿐이야."

20대의 성인임에도 정신연령은 10대를 벗어나지 못했던 나를 이모는 종종 뼈에 사무치도록 강한 독설로 일깨워 주셨다. 현재 가진 작은 재능으로 스스로를 특별하다고 생각하는 우물 안 개구리에 대한 일침이었다. 난 아직도 그때를 생각하면 얼굴이 화끈해진다. 진정으로 특별해지고 싶다면, 최고가 되고 싶다면 현재의 모습보다 더 멀리 보고 더 노력을 해야 한다는 것을 그때에야 비로소 알게 된 것이다.

철이 든 것인지 꿈이 깬 것인지, 내 인생의 첫 번째 굴곡에서야 비로소 내가 보통의 존재라는 것을 깨닫게 되었다. 결혼을 앞두고 참으로 우습게 집도 사야 하고 저축도 해야 한다는 돈 욕심이 생기면서 마음이 다급해졌다. 더욱이 성격상 집에서 조신하게 살림만 잘할 수 있는 사람도 못되기에 이 참에 다시 일을 하기로 결심했다. 한 달 30일을 채우면 그에 합당한 대가가 나오는 정직한 직장은 나를 필요 이상으로 꿈꾸게 만들거나 절망의 나락으로 떨어뜨리지 않을 것이라는 생각이 들었다. 아직도 가슴 속에서는 "난 특별해!"를 외치고 있지만 결국 평범한 나를 받아들이며 낮은 자세로 배우고 일할 수 있는 곳을 찾게 되었다. 나는 그렇게 창업이 아닌 취업을 선택했다.

사실 취업을 위한 면접은 생전 처음이었다. 찾아간 회사는 궁전 같은 분위기의 쇼룸에, 검은색 정장의 유니폼을 입은 직원들이 분주히 움직이고 있었다. 내가 생각하는 일반적인 직장하고는 약간 다른 모습이라 무척 낯설고 긴장되었다. 직원의 안내를 받아 들어간 곳은 VIP룸인 듯 보였다. (너무 알이 커서) 진짜가 아닐 것만 같은 휘황찬란한 보석이 박힌 반지며 목걸이들이 전시되어 있었다. 나는 조금 후 들어오신 (전라도 사투리 살짝 섞인 말투의) 40대 초반의 여성인 부장님의 기에 눌려 아무 말도 못하고 질문만 기다리고 있었다.

몇 분 동안 무표정하게 내 이력서와 포트폴리오를 훑어보던 그 분이 드디어 입을 떼셨다.

"'범' 띠에 '강' 씨라… 일 좀 하겠구먼. 'O'형인가?"

"예?"

조금은 황당한 질문에 놀랄 틈도 없이 그 길로 바로 이사님, 사장님의 면접을 거쳐 곧바로 출근이 결정됐다. 어안이 벙벙했다. 혼신을 다했던 나의 꿈은 모래알처럼 손아귀를 빠져 나가더니, 큰 기대 없이 내밀었던 이력서 한 장에 덜컥 직장인이 된 것이다.

내가 들어간 곳은 국내에서 나름 손꼽히는 보석회사였는데, 마케팅 부서에 배치를 받아 VMD와 광고·홍보를 담당하게 되었다. 동종업계에서는 큰 편이었지만, 귀금속이란 업종 자체가 타 업종에 비해서는 소비시장이 작아서인지 직원들에 대한 복지는 열악했다. 업무의 경계도 뚜렷하지 않고 한 사람이 일당백으로 일해야 하는 부분이 많았으며 근무시간도 꽤나 길었다(토요일도 정상근무일로 오후 7시 이후에 퇴근이었고, 행사가 있으면 일요일에도 나와야 했다). 반면 독립된 프리랜서처럼 내가 가진 능력에 비해 큰 프로젝트를 소신껏 추진할 수도 있었기에 보람과 성취감도 맛볼 수 있었다. 고집 세고 자만심 넘치는 일개 직원을 믿고 많은 일을 맡겨 주신 윗분들이 감사할 뿐이다.

상업성이 현저히 떨어지던 '작가'라는 어설픈 타이틀을 버리고, 고객의 니즈(needs)를 알아내고 분석하며 공부해야 했던 만 2년의 직장 생활은 그야말로 대입을 앞둔 입시생만큼이나 힘들고 치열했다. 그곳은 내게 첫 직장이자 마지막 직장이었으며, 나중에 쇼핑몰로 독립할 수 있었던 발판인 사업의 기본을 배운 곳이었다.

발리에서 생긴 일

직장을 다닌 지 3개월쯤 되었을 때 결혼을 했고 인도네시아의 발리로 신혼여행을 가게 되었다. 4박 5일의 일정 중 수차례를 뻔한 기념품점과 어이 없는 방문지에 들러 너무나 지루하던 차에 우연히 차창 밖으로 거대한 가구단지를 보게 되었다. 가이드에게 그곳에 내려 구경하게 해 달라니 일정에 없는 곳이라고 안 된단다. 마지막 날 신랑이 가이드에게 팁을 두둑이 찔러 주고 다시 한 번 부탁을 해서 결국 구경 허락을 받았다. 비밀로 하기로 단단히 약속을 하고 우리는 그곳에서 몇 시간을 보내게 되었다.

결혼 전, 신혼살림을 준비하기 위해 주말이면 발에 물집이 생기도록 가구거리란 곳은 모조리 뒤지고 다녔다. 하지만 마음에 들면 가격이 터무니없이 비쌌고, 가격이 적당하다 싶으면 어딘가 어설퍼서 결국 장롱 하나 못 사고 날짜가 다 지나 버려 결혼부터 해야 했다. 그런 내게 그곳은 완전 별천지였다.

가구마다 작은 포스트잇 같은 메모지에 가격이 붙어 있었는데 내 눈을 의심하지 않을 수 없었다. 고급 원목가구들이 국내의 1/4 내지는 1/5도 안 되는 헐값(소매가)이었던 것이다. 지금이야 동남아 쪽 가구들이 많이 수입되어 이런 유럽풍의 원목가구들도 비싸지 않게 구입할 수 있지만, 당시엔 국내에서 저렴하게 구입하기 힘들었다. 통관이니 관세니 앞뒤 볼 것도 없었다. 가구점에서도 부산항까지 화물로 보내주겠다고 했다. 배편으로 오는 거라 시일은 좀 걸리지만 가격도 부담이 없었다. 국내에서 통관절차를 대행해 주는 업체가 있어 수수료 좀 지불하고 관세를 내더라도 2~3배는 붙일 수 있는 가격이었다.

그래도 일단은 시험해 보는 셈 치고 손해를 보지 않는 선에서 신혼가구로 쓸 장식장, 옷장, 서랍장 등 5점을 주문하기로 했다. 디자인 변형이나 주문제작도 가능하다기에 어차피 필요한 것들이라 내가 쓴다는 마음으로 한국에 돌아와 직접 디자인해서 메일로 발주를 넣었다. 왠지 너무나 쉽게 일이 진행된다 싶기는 했지만 이렇게만 된다면 가구 수입업도 괜찮은 아이디어라는 생각이 들기 시작했다. 일산쯤에 저렴한 창고를 얻어 가구 전시장을 꾸미고 근사하게 홈페이지를 만들어 홍보해야겠다는 생각도 들면서 크고 작은 계획들로 가슴이 한껏 부풀었다.

그리고 기다리기를 몇 주. 이상하다. 연락이 없다. 불길한 생각에 마냥 기다릴 수만은 없어 독촉 전화를 했다. 그런데 그쪽에서 하는 말이 우기가 시작되어서 비가 계속 오는 바람에 작업을 할 수가 없

가쁠이 결려 발리에서 온 가구들

다는 것이었다. 우기에 작업을 하게 되면 나무가 습기를 먹은 상태라 마르면서 쩍쩍 갈라진다고 했다. 정말이지 어이가 없었다. 그런 건 사전에 미리 말을 해 줬어야 하는 거 아닌가? 어차피 이렇게 된 것, 언제 작업이 가능하냐고 물으니, 일 년의 반이 우기라서 6개월 이상 걸린다는 황당한 대답만 듣게 되었다. 왠지 속는 기분이 들어 우기라도 좋으니 작업을 해서 보내라고, 계약 시에는 그런 말 없었으니 한 달 안에 안 보낼 시엔 경찰에 신고하겠다고 엄포를 놓았고 그 후로도 수없이 끈질기게 독촉한 결과 드디어 가구가 부산항에 도착했다는 소식을 들을 수 있었다.

그러나 여기서도 또 하나의 난관이 있었다. 내가 가구가 도착한 것을 알게 된 때는 이미 가구들이 부산항에 도착한 지 한 달이 넘은 후였다. 대행업체 역시 보관료를 받아먹을 요량으로 도착한 지 한 달이 넘도록 알려 주지 않은 것이었다. 알음알음해서 연락해 알게 되었으니 망정이지, 1개월 이상 되는 창고보관료에 통관료, 서울로 오는 운송료까지 합하면 배보다 배꼽이 더 큰 상황이었다.

그렇게 약 7개월의 공방 끝에 비가 추적추적 내리던 초여름 어느

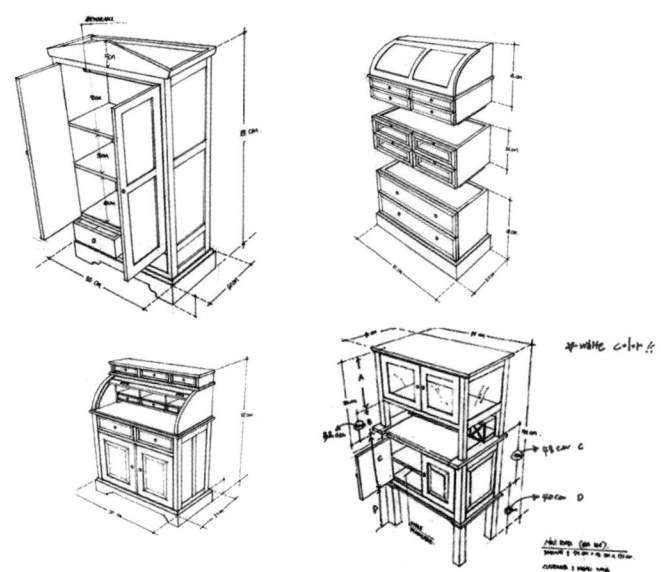

날, 가구들은 무사히 내 품에 왔다. 어쨌거나 모든 비용을 포함하더라도 여전히 국내보다는 훨씬 저렴한 가격에 마음에 드는 가구를 구입한 것이었으

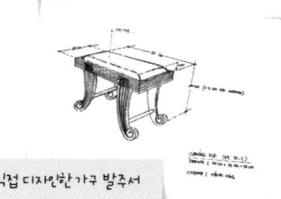

직접 디자인한 가구 발주서

므로 나름 뿌듯하기는 했지만, 곳곳에 내가 알 수 없는 복병들이 숨어 있다고 생각하니 선뜻 가구 수입업을 해볼 용기가 나지 않았다.

그리고 그것도 끝이 아니었다. '쩍- 찌지…이직….' 이상한 소리에 자다가 깜짝 놀란 신랑과 나는 도둑이 든 건가 싶었다. 그러나 이게 웬일인가!!! 우기에 제작되었던 탓에 그 해 겨울, 나무가 완전히 마르면서 가구가 뒤틀리고 문짝이 쩍쩍 갈라지는 소리가 우리를 깨운 것이다. 황당하기 그지없었다. 그러나 어찌하랴. 모두 내가 무지한 탓에 생긴 일이었으니. 생각할수록 아찔하고 두렵기까지 했다. 이렇게 되니 이미 가구 수입업에는 용기뿐 아니라 밑바닥에 조금 남아 있던 미련까지 깡그리 털어 버릴 수밖에 없었다. 그럼에도 내 창업병은 여기서 끝나지 않았다.

쇼핑몰을 꿈꾸다

part 03

일 한번 저질러 볼까?

여느 때와 다름없이 고되게 반복되는 직장 생활에 유일한 낙이란 마음 맞는 동료들과 퇴근 후에 맛난 음식을 먹으러 가는 것뿐이었다. 나이도 다르고 부서도 다른 우리 넷이 어찌하다 마음이 맞게 됐는지는 기억이 나지 않는다. 그저 기분 꿀꿀하고 그냥 집에 들어가기 섭섭할 때, 퇴근길에 함께 저녁을 먹고 동병상련의 기분으로 신나게 수다를 떨다 보면 기분이 후련해지곤 했다.

그날도 피자집에 모여 신나게 수다를 떠는데 모임의 막내 녀석이 하고 온 귀걸이에 시선이 집중되었다.

"이거 처음 보는 건데? 예쁘다."

"언니들, 이거 내가 만든 거다!~ 예쁘지? 언니도 만들어 줄까?"

어깨가 으쓱해진 막내는 뽐내듯 자신이 하나둘씩 사다 모은 작은 액세서리 재료와 원석들을 보여 주었고, 우리는 직업병의 일종이었는지 한마디씩 거들다가 얼렁뚱땅 일을 벌이는 지경에 이르렀다. 큰돈을 벌기 위한 것은 아니고 이렇게 모일 때마다 들어가는 간식비라도 벌어 보자는 '먹자계 회식비용 만들기'라는 소박한 취지에서 쇼핑몰이 출발하게 된 것이다.

그 친구들은 각각 영업, MD, 웹 디자이너였으며, 나는 마케팅부서에서 홍보와 스타일링을 담당하고 있었기에 우리가 모이면 회사 하나가 되겠다던 농담이 현실로 다가왔다. 우리는 각자 자신 있는 파트(고객 응대, 사입, 편집 및 업로드, 사진촬영)를 나눠 맡아 6개월간 시한적으로 진행해 보기로 했다. 그 이후로도 잘 되면 더 하겠지만 안 되면 접는 것으로 하고 가볍게 시작했다. 부담 없이 시작한 데다 나 역시 내가 잘 모르는 분야에 도전하는 것보다는 훨씬 흥미롭고 자신이 있었다.

당시 나는 네이버에 카페를 하나 운영하고 있었는데, 티파니, 까르띠에, 불가리 등 명품 보석들을 소개하는(사실 소개한다기보다는 업무와 관계된 방대한 자료들을 정리하기 쉽지 않아 웹 파일 정도로 생각하고) 개인 스크랩 용도로 쓰던 것이었다. 크리스티, 소더비 보석경매 등 온라인 내에서는 쉽게 구할 수 없는 자료들이 많아서 그랬는지 대략 1년 뒤에는 회원 수가 많아져서 네이버 내의 동종 카페에서 1, 2위를 다툴 만큼 커져 있었다.

우선은 그 카페를 이용하기로 했다. 처음엔 쇼핑몰을 만들 만큼의 시간적 여유도 없고, 옥션에도 몇 번 올려 봤지만 워낙에 광고를 안 하다 보니 반응이 없었기에 고객으로 전환될 수 있는 회원이 어느 정도 확보된 카페가 낫겠다고 생각해서였다.

사업비용으로는 각자 10만 원씩 내서 40만 원을 만들었다. 직장이라는 테두리 안에 있었기 때문에 퇴근 후나 주말 밖에는 시간이 없었지만 그래도 짬짬이 커피숍에 모여 브랜드명도 짓고, 사입해 온 제품을 꺼내 놓고 머리를 맞대 컨셉도 잡아 보는 등 창업의 기대에 한껏 부풀어 있었다. 카페에 카테고리를 하나 추가해서 쇼핑몰처럼 꾸민 후, 제품 사진을 올리고 상담도 받고 입금이 되면 제품을 우체국 등기로 보내 주었다.

그렇게 종종 물건이 팔리고 그 돈으로 모여서 맛난 것도 사먹고 재사입도 하면서 시간이 지나가고 있었다. 그러나 바빠서 신경 못 쓰는 때도 많았고 늘 신경 쓰는 사람만 바쁜 것도 서로 미안해서 불만이 쌓이기 전, 6개월이 끝날 무렵 해체하기로 결정했다. 사실상 크게 부딪치거나 힘든 일은 없었지만, 이 일을 계기로 우리는 사업이란 것이 만만치 않다는 것을 알게 된 사람과 그럼에도 한번 해 볼 만하다고 느낀 사람으로 나뉘게 되었다. 난 후자에 해당했다. 고객이 어떤 것을 원하고 물건 사입은 어떻게 해야 하는지 막연하고 두려웠던 것들에 어렴풋이 자신이 붙기 시작했다.

시기가 맞아 떨어진 것인지 이때가 입사한 지 만 2년 즈음이었는데, 열심히 일한 덕에 월급도 많이 올랐지만 일은 그 이상으로 더 힘들고 많아졌다. 퇴근 후 집에 돌아가서도 온통 일 생각밖에 할 수 없는 지경에 이르렀고 하루하루가 버텨 내야 하는 극기훈련과도 같았다. 무엇을 위해, 월급 몇 푼 더 받기 위해 이렇게 힘들게 살아야 하나 싶었다. 프로젝트나 행사를 성공적으로 치른 후에는 보람도 잠시뿐이고 열심히 해봤자 어차피 남의 것인데, 나는 그들의 고용인이고 언젠가 더 나은 사람이 나타나면 대체될 소모품인 게 아닌가 하는 생각이 들었다. 커다란 기계의 이름 없는 하나의 부품으로 언제까지 살 수 있을까? 평생 이렇게 살 수는 없지 않을까? 꼬리에 꼬리를 무는 불평과 불안으로 머릿속이 복잡해졌다. 권태기였는지도 모르겠지만 분명 이것은 내게 큰 딜레마였다.

오래 전 일이지만, 미국 유학 시절 내가 다니던 학교에 새로 들어온 한국인 언니가 있었다. 우리나라뿐 아니라 이제는 세계적으로도 유명해진 모 기업에서 여성으로는 처음으로 1년의 해외연수 기회를 얻어 우리 학교에 오게 되었다고 한다. 생김새도 평범하고, 착하고 온순한 성격의 언니여서 어떻게 그렇게 치열한 경쟁을 뚫고 그 기업을 들어갔으며, 해외연수까지 오게 되었는지 어린 나는 너무 궁금했다. 호기심 어린 눈으로 비결을 묻는 내게 그 언니는 특유의 부드러운 미소를 지으며 말했다.

"미란아, 항상 2등으로 보이도록 노력해. 1등이 될 수 있더라도 말이야."

"응? 왜요? 뭐 하러 그래요?"

"네가 2등일 때는 주위에서 너를 의식하지 않기 때문에 많이 도와주기도 하고 너그럽단다. 그러나 튀는 순간 표적이 되는 거야. 그게 사회 생활이야."

그랬다. 혼신을 다 바쳐 일을 하면 남들의 눈에 가시가 되는 것이 직장 생활이었다. 힘 조절해 가며 가늘고 길게 살기에는 한 번뿐인 내 인생이 너무 허무하고 답답하게 느껴졌다. 그러다 믿는 구석이

야근 중 사표를 쓰며 내 결심에
용기를 주기 위해 찍은 기념사진

있어서였을까? 야근을 하던 나는 공유폴더 안에 들어 있던 각종 견적서와 여러 양식들 중에서 퇴직서 양식을 찾아 열었다. 별다른 망설임 없이 빈칸에 내 이름을 써 넣고 빨간 도장까지 꽝 찍었다. '과연 잘한 일일까' 라는 생각이 마음 한편에 있었지만 긴 고민을 끝내는 힘든 결정을 내린 내 자신에게 기념사진까지 찍어 주며 용기를 가졌다.

'폼생폼사' 보다는 실속!

직장을 다니면서 포토샵이나 일러스트는 어느 정도 능숙하게 할 수 있었지만 체계적으로 배운 것이 아니라 자주 쓰는 기능들만 손에 익은 편이었고, HTML 등 쇼핑몰을 구축하기 위한 웹 관련 지식은 전무했던 터라 이참에 더 배워 보고 싶었다. 하지만 막상 배워야 할 것이 있어 전문학원을 다니려니 학원비가 대학등록금 못지않았다. 폼나게 화구가방을 옆에 끼고 강남이나 홍대 앞 컴퓨터 디자인스쿨을 다니기엔 뭔가 거품이 많은 것 같고 돈이 너무나 아까웠다.

그러다 생각난 것이 직업전문학교였다. 사실 예전에는 직업전문학교라는 곳은 정말 대학 갈 형편도 실력도 안 되고 기술 하나 없는 사람들이 뭐라도 배워서 취업하기 위해 궁여지책으로 가는 곳이라고 생각했다. 오래 전 우연히 대학동창을 만났을 때도 학교에서 모범생이고 공부도 곧잘 했던 친구가 직장을 여러 번 때려치우다가 직업학교를 다닌다고 했을 때, 대놓고 말은 안 했지만 '너 어쩌다가 그렇게 됐냐?'라는 생각이 절로 들었기에 내 선택에 고민이 되었다.

그러나 상황이 이렇게 되니 생각이 바뀌었다. 모든 것을 잃어도 기술 하나는 얻을 수 있다는 생각을 했다. 만약에 쇼핑몰을 못하게 된다고 해도 최소한 기술 하나는 얻을 수 있는데 밑져도 본전, 아니 본전 이상이지 않은가? '폼생폼사로 살아오던 내 인생에 직업학교가 웬 말인가.' 불쑥불쑥 창피하단 생각도 들었지만 실리를 생각하면 그깟 모양 좀 빠지면 어떠랴. 우습게도 그때는 '나도 아줌마다! 쪽 팔릴 게 뭐가 있어'라는 객기가 생긴 것 같다.

그곳을 다니는 사람들 중에는 실업고등학교를 나와 대학을 못 간 20대 초반의 친구들도 있었고, 회사를 때려치우고 온 사람도 있었다. 그 당시 남의 눈이 의식되어 그곳에 다니는 것이 부끄럽게 여겨지기도 했지만, 지금 생각해 보면 거길 다니기로 한 것은 잘 선택한 것이었다. 학비는 받지 않았고 수업을 빠지지 않고 충실히 따라 오면 오히려 교통비 및 식대 명목으로 매달 10만 원을 지원해 주기까지 했다.

IT직업전문학교는 아침 9시에서 오후 4시 30분까지 정규 수업이 있었으며, 말 그대로 학원이 아닌 학교였다. 그냥 지원만 하면 들어갈 수 있는 곳이라 착각했던 그곳은 지원자격도 있고 서류심사를 거쳐 최종면접까지 한 후 합격이 된 사람에 한해 입학 결정이 내려지는 엄격한 곳이었다. 정규 8개월 과정의 수업과정 중 워크숍을 제외한 7개월 동안 수업을 들었는데, 당시에는 홈페이지 디자인은 물론 코딩이 가능할 정도의 실력을 얻을 수 있었다. 일러스트를 이용해서 사이트 로고도 만들고 명함과 스티커도 제작하게 되는 등 수업 중에 했던 작업들은 그대로 밀란케이의 모태가 되어 예상치 않았던 일종의 브랜드화 작업이 저절로 진행되고 있었다.

오픈마켓으로 출발!

직업전문학교를 다닌 지 3, 4개월 정도 되던 때부터는 인터파크에서 단품을 팔기 시작했다. 앞서 말한 직장 동료들과 6개월간 카페에서 팔다 남은 제품들은 나눠 가졌는데 그것들을 인터파크에 시험 삼아 올렸던 것이다. 하나를 팔아 두 개를 사고, 두 개를 팔아 네 개를 사입하며 조금씩 재미를 붙여 갔다. 당시는 인터파크가 미니샵이란 이름으로 처음 오픈마켓을 시작하던 때여서 불모지나 다름없었다. 경쟁자가 많지 않았기에 특별히 광고를 하지 않아도 비교적 노출도 잘 되고 판매량이 조금만 올라가도 카테고리 부문별 판매 1위가 되어 가

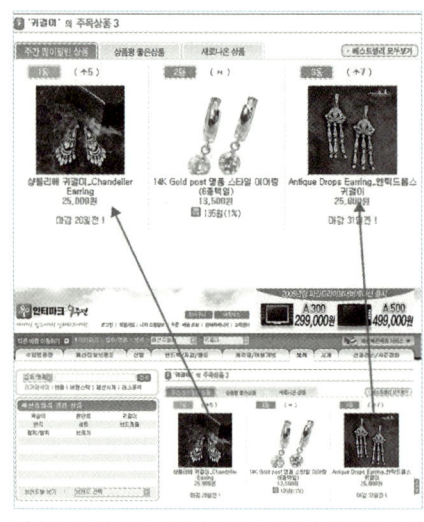

인터파크의 귀걸이 부문에서 판매 1, 3위였던 밀란케이의 제품들

속도가 붙곤 했다.

　오픈마켓은 여러 판매자들이 한 공간에서 치열하게 경쟁을 하기 때문에 눈에 더 뜨이고 좋은 조건처럼 보이기 위해 많은 판매자들이 가격을 약간 올리더라도 무료배송으로 판매한다. 그래서인지 오픈마켓의 구매특성은 한 사람이 여러 개를 구입하기보다는 보통 귀걸이 하나, 목걸이 하나 이런 식으로 단품구입을 많이 한다는 것이었다. 나 역시 초창기 오픈마켓 진입시절에는 단품판매가 많았고 박스 무게도 아주 가벼운 편이었다(뒤에서 더 얘기하겠지만, 이와 반대로 자체 쇼핑몰에서는 대부분의 사람들이 무료배송의 조건을 채우기 위해 3~5개 정도의 제품을 한꺼번에 구입한다). 당시 그렇게 대부분 박스당 1850원으로 저렴하게 우체국 등기를 이용할 수 있었다. 2500원씩 하는 택배에 비하면 아주 저렴했기에 굳이 택배를 써야 할 필요가 없어서 한동안 그렇게 등기를 이용했다.

　물건은 하루에 박스 15~20개 정도 되었는데, 인터넷 박스 판매 사이트에 주문해서 와인색의 컬러 박스에 직업학교 수업시간에 만들었던 은박의 밀란케이 로고스티커를 붙여 사용했다. 직업학교 근처에 우체국이 있어서 오전 수업을 듣고 점심시간에 우체국에 들러 전날 포장해 놓은 제품을 발송하곤 했다.

　처음에는 볼펜으로 박스 위에 주소를 썼는데, 일일이 박스에 주소 쓰는 것도 불편하고 보기에도 너무 지저분하고 빈티가 나는 것 같았다. 그러다 회사에서 대량 DM(우편광고)을 보낼 때 프린트로 라벨지를 출력해서 붙이던 것이 생각났다. 보내는 주소 부분의 라벨을 미리 대량으로 프린트해 놓고, 당일 주문 건들은 모아서 오후에 물건 보내기 직전에 뽑아서 붙였다. 그리고 익일배송 물량을 마감하는 3시가 되기 전에 직접 가서 접수시켰다.

직업학교의 8개월 과정 중 마지막 1개월은 포트폴리오를 만드는 기간으로 취업이 목적이 아니었던 나는 더 이상 학교에 다니지 않아도 됐다. 그렇게 7개월의 공부를 마치고서 쇼핑몰을 창업했는데, 사업자등록이나 통신판매업 신고, 카드결제 시스템 등등 쇼핑몰에 필요한 절차들은 인터넷에서 정보를 얻어 하나씩 해결해 나갔다.

처음에 쇼핑몰은 매출이 거의 없었다. 유료로 광고할 수 있는 형편도 아니었고 할 줄도 몰랐다. 다행히 오픈마켓에서 제품을 보고 조회해서 들어오는 손님과 타 카페에 코디사진이나 제품사진을 올려놓은 것을 보고 찾아 들어오는 분들이 종종 있었다.

처음 쇼핑몰을 만들 당시엔 대문페이지도 별도로 만들고 메인화면도 각종 플래시 효과로 한껏 멋을 부렸다. 조금 복잡하지만 그래도 고급스럽고 예쁘다는 생각이 앞서 포기하고 싶지 않았다. 2달간에 걸친 쇼핑몰의 디자인이 거의 완성되어 갈 때쯤, 객관적인 평가를 듣고 싶어 몇몇 친한 지인들에게 보여주었다. 그러나 나의 예상과는 다르게 모두 한결같이 하는 얘기는 '고급스럽고 독특하긴 한데 한눈에 안 들어오고 좀 불편하다'라는 것이었다. 내심 으쓱한 기분에 자랑삼아 보여주었던 터라 약간의 충격과 실망감을 느꼈다. 그러나 이 일을 계기로 내 쇼핑몰만 바라보고 있던 나르시스적인 시선을 버리고 많은 회원을 보유하고 있는 대형 종합 쇼핑몰들을 벤치마킹하고 분석하기 시작했다. 그리고 중고등학생 시절 교과서에서 봤던 "형태는 기능을 따른다"는 루이 설리반의 말이 알려주듯 디자인은 기능이

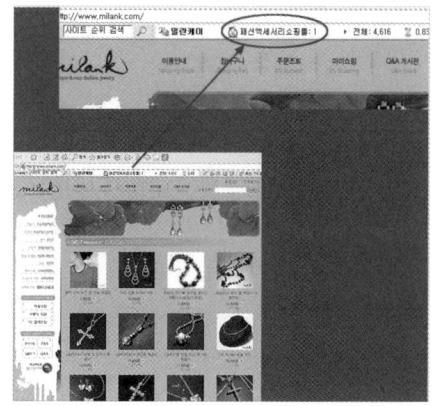

액세서리 쇼핑몰 부문 1위를 유지하며 승승장구하던 밀란케이 쇼핑몰

우선이라는 원초적인 결론에 도달했다.

쇼핑몰의 디자인이나 컬러 등은 독특하더라도 쇼핑몰의 기본적인 메뉴와 결제 시스템은 편리하고 직관적이어야 한다. 나는 과감히 인트로 페이지를 삭제하고 제품 카테고리와 게시판 메뉴들을 재정비했다. 그리고 최종적으로 고객의 입장이 되어 사이트를 접속하여 제품을 골라 실제로 카드 결제까지 해보면서 오류를 수정해 나갔다. 그렇게 약 2개월의 시간에 걸쳐 현재의 쇼핑몰이 완성되었고, 약 1년 후에는 액세서리 전문 몰로 1위를 달리며 승승장구하기 시작했다.

part
04

두 마리 토끼를 쫓다

 사실 출판사로부터 책을 의뢰받았던 초기에 이 책의 컨셉은 쇼핑몰, 그것도 액세서리 전문 쇼핑몰을 운영하고 있는 운영자의 소호몰 창업수기였던 것으로 기억한다. 그러나 정신없이 글을 써 내려 가다 보면 어느덧 페미니스트도 아닌 내가 자꾸 거품을 물고 워킹맘의 비애를 호소하며 삼천포로 **빠져** 버리는 것이 아닌가!(급기야 이 책의 초기 컨셉과는 다르게 초고를 어느 정도 채웠을 때는 결국 주부의 창업 분투기가 되어 있었다). 특히나 슬럼프라는 부분에서는 더욱이 일하는 엄마로서의 고뇌를 배제할 수 없었다.

 주부라는 이름으로 살고 있다면, 또는 남편이 있는 당신이라면 이 얘기는 결코 쓸데없는 수다가 아닐 것이다. 인간은 누구나 죽지만, 죽음이란 것이 나의 일이 된다면 결코 가볍지 않다. 누구는 애 안 낳고 사냐며 다 그렇게 살았다고 우리 엄마도, 할머니도, 주변 분들도 쉽게 말씀하시지만, '안 해봤으면 말을 하지 말라'는 개그맨의 유행어처럼, 주부 사장이 아니라면 쉽게 말하지 말라고 얘기하고 싶다. 그만큼 나에게 가사와 일은 각각 다른 방향으로 뛰어가는 두 마리의 토끼였다.

그러나 내려놓기는 정말 아쉬울 때

처음부터 혼자였기에 어떤 제품을 사입하든, 어떻게 포장을 하든 뭐라고 하는 사람이 없었다. 스스로 판단하고 동시에 실행에 옮겼으며, 빠른 걸음으로 하루도 쉬지 않고 반 폐인으로 2년을 달려가고 있었다. 오픈마켓에 올린 제품들은 카테고리 1, 2위를 다투고, 사이트도 자리를 잡아 액세서리 쇼핑몰 순위 1위로 고공행진을 해 갈 무렵이었다. 생기면 낳고 아니면 말고라는 생각으로 별 감흥 없이 살던 내게 덜컥 아기가 들어섰다. 32살에 첫 임신이었으니 시댁은 말할 것도 없었고 친구들과 지인들 모두 축복해 주었으며, 만감이 교차하긴 했지만 내게도 엄마가 된다는 것은 분명 떨리고 설레는 일이었다.

하지만 기쁨도 잠시였다. 남들 같으면 아기 배냇저고리에 십자수 놓고 클래식 음악 들으며 태교에 힘쓸 때임에도 나는 컴퓨터 앞에서 편집을 하고 사진을 찍고, 송장을 쓰고 또 포장을 했다. 일상생활이 어려울 정도로 입덧이 심해서 사입하러 가는 길에 구토를 하기도 하고, 밤새 변기를 부여잡고 토하다 졸다가를 반복하며 아침을 맞이하기도 했다. 그럼에도 정신없는 이 생활은 멈출 수가 없었다. 내려놓는 순간 여기서 끝이 되거나 다시 바닥부터 시작해야 될 거라는 느낌이 강했기 때문이었다. 그렇다고 막연히 붙잡고만 있을 수도 없었다. 당분간은 어찌어찌 이렇게 버티겠지만 앞으로 분만과 함께 산후조리 기간의 공백, 육아로 이어지는 생활에서 도저히 혼자 쇼핑몰을 이어 갈 수가 없을 것 같았다.

'빨리 가려거든 혼자 가고, 멀리 가려거든 함께 가라'는 인디언 속담이 있다. 이제 혼자의 힘으로 올 수 있는 마지막 계곡에 다다른 것이다. 돌아가야만 했다. 당장 투입이 되어도 헤매지 않고 무난히 일을 해 줄 수 있는 누군가의 도움이 필요했다.

고민하던 차에 주문이 밀릴 때 며칠씩 포장을 도와주러 올라왔던 막내 동생이 생각났다. 힘들어 죽겠다 매달리면 마지못해 올라와서 도와주던 마음 약한 동생. 그러나 이미 자기 가게도 운영하고 있는데 아예 때려치우고 매장 하나 없이 가정집에서 주먹구구식으로 운영하고 있는 언니네 쇼핑몰 직원이 돼 달라고 한다면 상식적으로 누가 좋다고 할까? 언니의 이기적인 마음에 동생이 희생양이 되는 것은 아닌지 마음이 무겁기도 했지만 이리저리 머리를 굴려 봐도 도무지 답이 나오질 않았다.

"미나야… 언니 정말 힘들다…."

"힘들면 직원을 뽑아. 왜 그러고 살아?"

"언니 성격 몰라?! 가뜩이나 임신 중이라 예민한데… 모르는 사람들였다가 마음 안 맞으면 더 스트레스 받고 힘들어질 것 같아. 네가 좀 도와주면 안 될까? 아기 100일 때까지만 있어 주면 그 다음부터는 내가 혼자 하든 사람을 부리든 하면 될 것 같은데."

"…"

"야~아! 나 진짜 죽을 것 같아!"

"…그럼, 아기 100일 때까지만이야."

역시 피는 물보다 진했다! 동생은 월급은 얼마를 받을지 어떤 일을 맡게 될지도 묻지 않고 다음 달 초까지 가게 정리하고 짐 싸서 올라가겠노라고 대답을 하곤 전화를 끊었다. 그렇게 동생은 우리 쇼핑몰의 직원이 되었다(막내 동생의 가게는 얼마 동안만 둘째가 맡아서 하기로 했다가 지금은 아예 둘째 동생의 가게가 되었다).

보통 남들 같으면 아기를 봐 주실 친정엄마를 떠올렸을 테지만, 일을 도와줄 동생이 생각난 것은 무의식 중에라도 일에서 벗어나고 싶었기 때문이었던 것 같다. 2년을 하루도 쉬지 못하고 달려온 내게는 일을 도와줄 직원이 필요했던 것이다. 함께 가기 위한 길이 순탄하지는 않았지만 내가 아니면 안 될 것만 같았던 일들에서 하나씩 자유로워지고, 혼자가 아니라 함께였기에 지금까지 올 수 있었던 것 같다. 물론 가족이었기에 가능한 상황이란 것이 존재한다. 그래서 동생은 아직 체계가 잡히지 않았던 사업 초기의 궂은 일도, 비상식적인 상황도 필요하다면 기꺼이 도와주었다. 이것이 바로 많은 자영업자들이 가장 우선적으로 가족을 사업에 끌어들이는 이유다.

그러나 아직 가족이 아닌 남을 직원으로 들인다는 것은 내게 큰 과제다. 단순히 월급 때문에 고정비용이 늘어난다는 게 아까워서가 아니다. '구더기 무서워서 장 못 담근다'고 내가 꼭 그 모양이다. 남들은 직원 20~30명도 거느리며 잘도 운영하는데 뭐가 그리도 새가슴인지 모르겠다.

어려운 시기에 들어와 현재 만 3년이 넘은 직원인 동생은, 사입은 물론 상품 제작이나 사진 편집, 배송 업무 등 내가 100% 믿고 맡겨도 될 만큼 능하다. 광고와 사진기술은 아직은 좀 더 익숙해져야 하지만 이 정도면 독립해서 쇼핑몰을 차려도 문제없이 잘 꾸려갈 것 같다. 그러나 가족이 아닌 남이었다면 이렇게 오래 같이 일할 수 있었을까? 아마 성실한 직원이라도 지금쯤엔 '이거 별거 아니네. 나도 차려 볼까?'라는 생각이 슬슬 들 것이다. 실제로 우리가 가는 도매 거래처들만 봐도 가족이 함께 매장에 나와 돕고 있는 곳들이 반 이상이다. 그 외에는 직원들이 빠르면 1~2개월, 길게 잡아도 1년을 못 넘기고 계속 바뀐다. 내가 시작할 때부터 지금까지 5년 동안 직원이 아직 바뀌지 않은 곳은 단 한 곳뿐인데, 그런 직원을 두고 있는 분은 참 복 많은 사장님이란 생각이 든다.

한 사람이 들어와 여러 가지 일을 맡다 보면 얼마 지나지 않아 쇼핑몰의 노하우가 한눈에 보이기 시작한다. '이 정도면 나도 차릴 수 있겠다'는 생각이 들면서, 다른 업종에 비해 박봉이고 힘든 쇼핑몰 직원을 하느니 '나도 독립하고 싶다'는 생각을 순간순간 하게 된다. 또한 사장의 눈에는 이것저것 여러 가지 일은 하지만 '제대로 하는 것 없는 녀석'인데, 직원 자신은 이것도 하고 저것도 하고 '못하는 게 없는 유능한 전천후 직원'인 것으로 생각하게 된다. 하는 일의 가짓수가 많아지면 많은 일을 하고 있는 것처럼 생각하는 것이다. 결국 내가 아니면 안 된다는 생각에 직원은 나태하고 우쭐하게 되며, 나가는 그날까지 사장과의 마찰이 계속된다.

이것은 제3자인 내 눈으로 본 대부분의 자영업자들의 현실이다.

물론 그 사장들이 내 친구이거나 지인이라서 아무래도 팔이 안으로 굽는 것일 수도 있겠지만, 그렇다 해도 나 역시 그들과 같은 운영자의 입장인지라 상황은 크게 다르지 않다(그래서 내가 구더기 무서워서 장 못 담그는 새가슴 사장이 되었는지도 모르겠다). 이도저도 아닌 어정쩡한 만능 직원은 절대 도움이 되지 않는다. 각 파트당 전문 인력으로 키울 수 없다면 아예 사람을 들이지 않는 것이 좋다. 그래서 직원을 구한다고 해도 생기면 우선적으로 배송팀 한두 명이 될 것이다.

왜 그럴까? 제품 포장 업무는 매일 일과 중에서 쇼핑몰 업무의 절반을 잡아먹는 가장 소모적인 일이다. 특히 액세서리의 경우 커다란 돋보기를 손 아래 두어야 할 정도로 제품의 하자를 꼼꼼하게 확인하고 교정해야 하는 작업인지라 나를 새가슴으로 만들기도 했다. 액세서리는 제품 하나를 검품하고 포장하는 데 다른 품목보다 더 많은 시간이 든다. 그러나 품목을 막론하고 검품하고 포장하는 일은 특별히 기술을 요하거나 독창성을 요구하는 일이 아니어서인지 직원의 보수는 다른 일에 비해 적은 편이다(알바의 경우 시간당 5000원 수준이며, 신입직원은 월 80~100만 원 정도이다). 그렇기에 효율을 따져 보았을 때는 우선적으로 내가 손을 떼야 하는 1순위 작업이기도 하다.

그리고 제품사진을 편집하는 것이 다음 업무이며, 상담과 사진은 운영자인 내가 좀 더 붙들고 있어야 할 것 같다. 그렇게 힘든 고비마다 신중하게 조력자를 만들어 나갈 셈이다. 또 다른 1인 쇼핑몰 운영자들도 그러한 순서를 따르는 것이 좋을 것 같다.

워킹맘은 슈퍼맘

숨이 턱 막힐 듯한 말복더위가 막판기승을 부리던 어느 날, 예정일이 아직 열흘 정도 남아 있었기에 '이번이 마지막 사입이겠구나' 하고 열심히 남대문을 쏘다녔는데, 그날 밤 예정에 없던 진통이 시작되었다. 이게 진통인가 싶을 정도로 아주 미약했지만 일정한 간격으로 좁혀 오고 있었다. 일상생활에 지장을 주지 않을 정도로 진통은 아주 미약했으나 때가 다가오고 있음을 알 수 있었다. 잠이 안 와서 꼬박 밤을 새고, 어영부영 날이 밝아서 평소처럼 동생과 함께 택배발송을 마치고 나니 훌쩍 오후 5시가 넘었다. 진통의 강도가 크게 변하지는 않았지만 아무래도 병원에 가는 게 나을 것 같았다. 출근해 있던 신랑을 부르고, 미리 동생에게 할 일을 알려 주고 주섬주섬 병원에 갈 채비를 해서 떠났다.

'남들은 병원가기 전에 힘 잘 주라고 삼겹살 먹고 간다더라'고 농담까지 주고받으며 도착한 병원. '하늘이 노래져야 아기가 나온다'는 말이 무색할 정도로 굵고 짧은 고통이 지나갔다. 성질 급한 엄마인 것을 알고 있었는지, 병원에 도착한 지 1시간 40분 만에 아기는 세상에 나왔다.

"오늘이 금요일인가?"

"응, 근데 왜?"

"와~ 천만다행이다. 어떻게 이렇게 날짜도 잘 택해서 나왔지? 모레까지는 배송이 없으니까 편하게 쉴 수 있잖아. 이 녀석 효녀네."

"으이그, 언닌 병이야."

당분간은 내가 움직이질 못하니 동생이 혼자 운영하는 것이나 다름이 없었다. 이제 들어온 지 6개월도 안 된 동생이 할 수 있는 일이란 배송 업무와 간단한 사진 보정 정도였다. 2년이 지난 지금에서야 동생도 간단한 전화 상담은 하지만 그 전까지는 아무리 바빠도 절대 전화를 받지 않았다. 언니가 전화 상담하는 것을 곁에서 보고는 지레 겁을 먹었던 모양이다. 동생 역시 전화 울렁증이 있는데다 액세서리에 대한 전문지식이 없기 때문에 깐깐한 고객들의 문의에 답해 줄 자신이 없었던 것이다. 오죽하면 다른 건 다 할 테니 전화 받는 것만은 하지 않게 해 달라고 했을까.

이틀 후 퇴원을 하고 산후조리원으로 옮긴 후에도 나는 쇼핑몰 생각에서 벗어날 수가 없었다. 동생은 전화 상담을 할 수가 없으니 내 핸드폰으로 착신이 되도록 해서 산후조리원에서도 고객 상담을 하려고 했다. 그러나 신랑과 동생이 강력히 만류해서 대신 쇼핑몰의 게시판에 '상담실장님의 출산으로 2주간 전화 상담을 받을 수 없다'라는 공지를 올려놓고야 겨우 쉴 수 있었다. 쇼핑몰을 시작한 이래 처음의 휴가였다.

동생은 배송할 물건들을 보내고 나면, 시장에 들러 내가 좋아하는 음식들을 사들고 어김없이 산후조리원에 왔다. 밤 늦게나 올 수 있는 신랑과 지방에서 자주 오시지 못하는 친정 부모님의 역할을 대신이라도 하듯.

밀란케이를 뛰쳐나간 동생

자신의 체력이 고갈될 정도로 일과 시간에 쫓기면 결국 냉정을 잃게 되고, 고스란히 가족들에게 화를 쏟아 내게 된다. 남편은 남편대로 애정과 가정 생활에 대한 기대감이 무너지면서 아내를 질책하게 되고, 일과 육아로 지쳐 있는 아내는 남편의 이기적인 모습에 서럽고 분하다.

쇼핑몰 운영을 한다고 했을 때, 남편은 말리지는 않았다. 내가 마음을 쫓아가며 사는 스타일이라는 것을 남편도 이해하고 있었다. 아이가 생기고 나서 일할 수 있도록 시어머니께 아이들 봐 달라는 이야기도 남편이 먼저 꺼낸 것이었다. 하지만 아이를 키우면서 쇼핑몰을 운영하기는 쉽지 않았다. 물론 아이를 키우기 위해서 쇼핑몰을 그만두었다면 육아스트레스를 더 많이 받았을 것이다. 하지만 실질적으로 두 가지 일을 한꺼번에 해야 하는 상황에 처하자 나도 모르게 불평이 많아졌다. 아무리 아이를 돌보는 것을 도와주는 사람이 있다고 해도 엄마의 몫은 남아 있는 법이다.

신랑은 정직하고 자상한 남편이었다. 보통 면회나 잠깐 오고 가는 다른 남자들과는 다르게 8월 말복 더위에 에어컨은커녕 선풍기도 없이 절절 끓는 산후조리원 방에서 항상 같이 자고 아침에 출근했던 터라, 나는 당시 주위 산모들에게 부러움을 샀다. '집안일을 5:5로 공평하게 나눠서 해 주겠다는 거짓말은 않겠다. 6:4에서 내가 최대한 4 이상은 집안일을 하도록 노력하겠다'고 했던 사람이었다.

아이를 키우다 보면 밤에 잠을 설치기 마련이다. 그래도 남편은 같은 방에서 자는 것을 포기하지 않았다. 레코딩 엔지니어인 남편은 귀가 민감한 사람이라 밤에 잠을 설치면 다음날 특정 음역대가 들리지 않아 고생을 하곤 했지만 그래도 아이를 같이 키우는 어려움은 같이 극복해야 한다는 생각으로 같이 자는 것을 고수했다. 그러나 시간이 지날수록 도와주겠다던 자상한 남편은 밤낮 울어 대는 아기와 끝이 보이지 않는 가사에 질려 서둘러 일터로 도망쳐 버리곤 했다. 6대 4는 고사하고 집안일은 고스란히 모두 내 몫이 되어 버렸으며, 신랑은 남편이 아닌 아들이 되어 점점 투정을 부리기 시작했다.

당시 결혼 3년차였는데, 아마도 그나마 신혼이었기에 가능했을지 모르겠다. 무리를 해서 뉴타운 안에 있는 집을 사는 바람에 수중에 돈이 얼마 없었다. 그 집은 전 주인이 월세를 놓아 계약 만료가 1년이 넘게 남아 있어서 우리가 당장 들어가 살 수가 없었기 때문에 얼마 안 되는 돈으로 방 2칸짜리 다세대주택으로 월세를 살게 되었다.

말이 방 2칸이지 거실이 따로 없어서 거실로 들어가야 할 소파며, 옷장이며 갖은 짐들로 작은방 하나를 꽉 채워 버리니 그야말로 창고가 되어 버렸다. 안방 역시 컴퓨터 2대와 쇼핑몰 부자재들이 들어 있는 서랍장들, 침대 하나 들어가니 발 디딜 곳이 없었다. 그나마 작은 방보다는 나아서 신랑과 임신 중인 나, 동생 미나, 그리고 업둥이로 들어온 고양이(나중에는 태어난 아기까지)도 같이 자고 생활했다. 옛날 어른들이 보릿고개 시절 얘기할 때나 나올 법한 모습으로 무려 2년을 넘도록 살았다. 미치지 않은 게 다행일 정도였다.

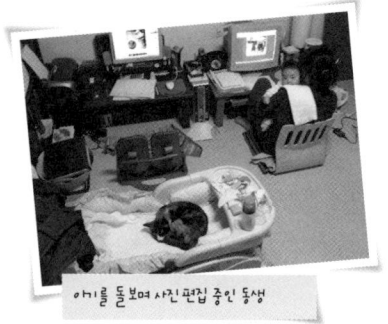
아기를 돌보며 사진편집 중인 동생

한 방에서 다 같이 너무나 힘들게 보내던 시절, 아이의 울음에 밤잠을 설쳐 온 가족이 비몽사몽일 때가 많았다. 우는 아이를 등에 업고 물건 포장하고, 고객에게 전화가 올 때면 (주로 내가 상담전화를 받았기에) 동생이 아기를 안고 급하게 밖으로 뛰쳐나가야만 했다. 물건을 바꿔 보내기도 하고 한술 더 떠서 빈 박스만 곱게 담아 보내기도 하는 등 아주 어처구니없는 실수와 건망증은 치매를 방불케 했다. 짐승인 고양이까지 스트레스에 성격이 날카로워지고 범백(고양이홍역)에 걸려 병원에 입원했을 정도였다. 업데이트는 생각도 못하고 그날그날 주문 들어온 물건 보내는 것도 버거운 실정이었고, 쇼핑몰 순위도 날로 하락하고 매출 역시 형편없이 떨어져 가고 있었다.

우리 아가는 깨어 있는 시간이 거의 우는 시간이라고 했을 만큼 밤낮없이 울어 대는 울보였다. 자기 방 하나 없이 형부랑 언니, 울보 아가에 고양이까지 한방에서 오그려 자야 하는 상황에 동생에게 미안했지만 현실적으론 당장 해답이 없었다. 직원을 뽑는다고 그런 곳으로 출근하고 싶어 할 젊은이가 있을 턱도 없고, 나 혼자 버티기엔 너무도 턱없는 현실이었다.

그러던 어느 날, 겨우겨우 일을 마치고 뒷정리를 하는데, 동생이 피곤에 지친 나를 끌어다 침대에 눕히고 얼굴에 팩을 붙여 주었다.

"언니, 되게 피곤해 보인다. 얼굴이 이게 뭐야?"

동생의 성화에 얼굴에 팩을 붙이고 눕긴 했는데, 어김없이 또 아기가 울어대기 시작했다. 일찍 들어와 뒹굴뒹굴하던 신랑이 옆구리를 쿡 찌른다.

"아, 왜?"

"애 울잖아?"

"누가 그걸 몰라서 그래? 자기가 보면 되잖아."

"애가 엄마를 찾잖아. 빨리 좀 일어나 봐."(신랑은 괜히 귀찮으니까 아이가 엄마를 찾는다는 말도 안 되는 변명으로 한사코 내가 일어나야 한다고 우겼다)

"자기, 나 팩하고 있는 거 안 보여? 이제 막 붙였다고."

"애가 우선이지, 팩은 나중에 하면 되잖아."

너무도 이기적인 남편의 모습이 실망스럽고 화가 나서 한마디 쏘아붙이려던 찰나, 동생이 벌떡 일어나더니(뭔가를 집어 던졌는데 방석인지 베개인지 기억이 나질 않는다) 소리를 질렀다.

"(언니는) 여태 일만 하다가 이제야 잠깐 쉬고 있는데 그걸 못 봐 주나요?"

그러고는 방문을 쾅 닫고 나가 버렸다. 그 길로 동생은 이천 엄마(친정) 집으로 내려가 버렸다. 가히 충격적이었다. 평소 말수가 없는 동생이라 가끔 동생이 한 방에 있다는 사실도 잊고 부부가 티격태격하곤 했는데, 꾹꾹 참아 오던 동생이 드디어 곪아 터진 것이었다. 그러나 결과적으론 또 나만 골탕 먹는 상황이었다. 신랑은 신랑대로 무안했는지(자기 잘못은 생각지도 않고) 도리어 화가 나서 나가 버렸고,

동생은 이제 다시는 돌아오지 않을 거란 예감이 들었다. 울어대는 아기와 나만 남겨 두고 모두 나가 버린 것이다.

그러나 얼마 지나지 않아 사태의 심각성을 파악한 남편은 내게 미안했는지 시부모님께 일주일에 3~4일 정도 아이를 봐 달라고 부탁을 드렸다. 그리고 그간 모은 돈과 여기저기 대출로 끌어 모은 돈으로 좀 더 큰 집을 얻기로 해서 일단은 숨통이 트이게 되었다. 동생도 이렇게까지 노력하는 형부와 언니를 불쌍히 생각했는지 오래 버티지 않고 일주일 만에 돌아와 주었다.

슈퍼우먼의 비애

그러나 시련은 여기서 끝이 아니었다. 아이를 봐 주시던 시부모님께서 몇 달 지나지 않아 많이 힘든 내색을 비치기 시작하셨다. '아기를 보느니 논두렁을 멘다'는 옛말도 있듯이 고생하시는 어른들께는 너무나 죄송스러웠지만 뾰족한 대책이 없었기에 눈치 없이 버틸 수밖에 없었다. 그러다가 결국 아버님이 폭발하셨고 '다시는 아이를 맡기러 오지 말라'는 말을 들으며 가져간 짐들을 다시 싸들고 집으로 돌아와야 했다.

서운할 겨를도 없었다. 이렇게 된 이상 현실은 하루라도 빨리 어린이집이나 베이비시터를 구하는 방법밖에는 없었다. 며칠을 종일 컴퓨터 앞에서 어린이집과 베이비시터를 조회하고 전화를 했다. 그러나 어린이집은 학기 중이라 좀처럼 자리가 나지 않았고 베이비시터를 구하는 일도 쉽지만은 않았다. 말을 조금씩 하던 때이긴 했지만 의사표현이 명확하지 않은 어린아이를 낯선 사람들에게 맡겨야만 하는 엄마의 마음은 이루 말할 수 없이 아팠다.

정말 다 때려치우고 싶었다. 이렇게까지 내가 꼭 일을 해야 하나 싶었다. 주위에서는 신랑이 돈을 못 버는 것도 아닌데 왜 그렇게 악착같이 일에 매달리냐고 했다. 친구 하나는 아이가 만 3살이 될 때까지 그냥 죽었다 생각하고 살라고 했다. 일은 나중에 다시 하면 된다고 했다. 그러나 그런 말을 들을 때면 나는 정말 울컥한다. 내게 일은 돈벌이 수단만이 아니기 때문이다.

그러나 가사와 육아는 그런 나를 보란 듯이 눈물 쏙 빼게 만들었다. 지극히 정상적이고 가정에 충실한 신랑이 있고, 부족한 것 없이 평범하게 잘 살고 있는데도 말이다. 이러지도 저러지도 못한 채 또다시 한 달여를 아이를 끌어안고 일해야 했다. 빨리 결정을 내려야만 했다. '아가야 미안하다. 네가 조금 양보해라.'

다시 어린이집을 알아보던 중에 다행히 아이가 21개월이던 달에 집 앞 어린이집에 자리가 나서 아이를 보낼 수 있게 되었다. 그리고 아이를 맡기러 상

'아가, 고맙다… 사랑해'
어린이집에서 쑥쑥하게 잘 크고 있는 아이

담을 갔던 날 나는 주책스럽게 처음 보는 원장님을 붙들고 펑펑 울었다. 원장님은 이미 이런 일을 많이 겪어 보셨는지 담담하게 웃으시며 내 등을 두드리셨다. 그리고는 신나게 뛰어놀고 있는 제법 큰 아이들을 가리켰다.

"괜찮아요. 저 아이를 봐요. 쟤는 생후 2개월 때부터 왔던 아이에요. 얘는 7개월에 들어왔고 이 아이 동생도 다음 달에 곧 들어올 거예요. 다들 예쁘게 잘 크고 있지요?"

어린이집을 다니면서 며칠을 안 떨어지려고 울기도 하고, 감기 떨어질 날이 없어 병원으로 약국으로 업고 다니기도 수없이 했지만, 우리 꼬마, 그 후로 지금까지 여느 아이들처럼 예쁘고 착하게 잘 자라고 있다.

퇴근을 해도 끝나지 않는 일들

출처 다음카페-쇼핑몰 운영자들의 모임 "내가게"의 익명게시판에서

사례 ❶

쇼핑몰을 2년째 운영하다가 접었다. 돈은 어느 정도 벌었지만 나름 너무 힘이 들었다. 집 사고 차 사고 남부럽지 않을 만큼 돈을 가지고 있다. 소위 대박이라는 것도 경험해 봤다. 지금은 다른 사업을 한다고 일을 벌였는데, 한 달에 수입이 50이다. 투자에 투자가 겹친다. 그런데 이제 사는 것 같다. 산다는 게 느껴진다.

사례 ❷

자기 생활이 없죠, 쇼핑몰. 돈은 벌면서도 누굴 위한 건지 내가 뭘 하고 있는 건지 가끔 답답하고 눈물이 나고요. 사람을 못 만나고 틀어 박혀 있는 일이다 보니 우울증도 오고. 자기를 돌아볼 줄 아는 자기 시간이라는 게 필요한 건데. 적은 월급이지만 여유 있는 직장 생활자들이 부러울 때가 너무 많아요.

사례 ❸

요즘 들어 반복되는 일상이 너무 지겹고 날이 갈수록 인터넷 장사의 약점을 이용하는 진상들이 너무 짜증납니다(반품, 교환 건은 모두 제가 처리합니다). 매일 컴퓨터만 두들기다 보니 배만 나오고, 나이 드는 게 서러울 정도였습니다.

사례 ❹

100% 일에 매진할 수도 없고 100% 아기한테 정성을 쏟을 수도 없네요. 오픈 준비할 때 가슴 벅차 오르던 마음이 또 자신감 상실로 이어져요. 일 시작한다고 애기한테 못할 짓 하는 건 아닌가 싶기도 하고, 대박을 위해 100% 정열을 쏟을 수 없다는 것이 너무 안타까워요. 쇼핑몰 오픈한 거, 사실 오프라인 오래 하다 쇼핑몰은 식은 죽 먹기겠지, 집에서 하는 거니 되든 안 되든 맘은 편하겠지 생각했는데 완전 그 반대네요.

쇼핑몰 업무를 끝낸 오후에는 또 다른 직업이 나를 기다리고 있다. 가정은 휴식이 아닌 또 다른 일터가 된다. 아이가 어린이집에서 돌아오면 씻겨서 저녁을 먹이고, 근처 슈퍼에서 장을 봐서 며칠분의 밑반찬거리를 만든다. 그러고 나면 9시가 넘어 있고, 아이를 양치시키고 동화책을 몇 권 읽어 주다 보면 피곤에 목소리가 갈라진다(때로는 책 읽어 준답시고 들고 있다가 아이보다 내가 먼저 잠이 들기도 한다).

살림이야 다른 이의 도움을 받든 꼼수를 부려 어느 정도 줄일 수 있지만, 쇼핑몰을 하면서도 결코 줄이거나 놓을 수 없는 육아 부분에서는 타협이 불가능하다. 가사 분담이란 것이 6시면 칼같이 퇴근하고 주 5일 근무로 주말에 꼬박꼬박 쉬는 직장을 갖고 있는 신랑이라면 모를까, 피곤에 찌들어 들어오자마자 쓰러져 잠들기 바쁜 사람에게 아이의 저녁밥을 챙겨 먹이고 동화책을 읽어 달라고 하기엔 차마 입이 떨어지지 않는다.

그렇게 아이를 재우고 다시 방을 빠져나와 책상 앞에 앉는다. 업데이트할 사진 편집도 밀려 있고, 광고도 연장해야 하고…. 할 일이 산더미처럼 남아 있다. 서둘러 컴퓨터를 켰으나 옆에 놓인 어린이집에서 보낸 가정통신문이 눈에 먼저 띈다. 어미로서의 본능인지 어느새 집어 들고 선생님이 적어 주신 내용에 답장을 하고 있다. 아이가 밥은 잘 먹는지, 양치질을 거부하지는 않는지 주저리주저리 적다 보니 자정은 넘었는데 한 게 없다…. 부자이건 가난뱅이건 하루는 공평하게 24시간이라는 격언조차도 나는 거짓말처럼 느껴진다.

언제쯤이면 오로지 나만의 시간을 가질 수 있을까? 일할 틈이 안 생긴다. 시간만의 문제가 아니라 창조적인 발상이 도무지 안 떠오른다. 왜! 신은 엄마만 바라보고 있는 아이들, 쌓여 있는 집안일들을 지나칠 수 없는 본능(?)을 여자에게만 주셨을까?!! 엄마처럼 살지 말라고 당당하게 살아가라고 엄마는 힘들게 뒷바라지하셨는데, 결국 엄마와 비슷한 삶이 되어가는 것 같아서 서러워진다.

꿈이 있는 엄마

그래도 아이가 보여주는 매일의 기적을 공짜로 얻는 건 도둑놈 심보려니 생각하면 그나마 버틸 만하다. 게다가 다른 워킹맘들의 시련에 비하면 나는 양반인 편이다. 새벽같이 일어나 가족들의 아침을 챙기고, 젖은 머리 말릴 겨를도 없이 아이를 어린이집에 맡기고 직장으로 달려가야 하는 엄마들이 얼마나 많은가? 여자가 한창 일하고 잘 나가는 때인데 직장을 그만두거나, 파트타임 직장으로 경력을 낮춰 옮기는 이유는 아이를 맡기고 맘 편히 일할 수 있는 보육시설이 없거니와, 혼자 육아를 전담해야 하는 상황에서 가족 누구에게도 도움을 받을 수 없기 때문이다(나는 아이의 보육 때문에 직장을 그만두는 남편들은 아직 본 적이 없다). 아이가 아파서 울고 보채도 출근을 해야 하며, 결국은 돈을 벌기보다는 아이와 함께 할 시간을 벌기 위해 직장을 그만두기도 한다.

무엇 때문에 이런 생짜 고생을 하고 있는 건가? 신랑은 내가 힘들다고 투덜대면 "네가 좋아서 하는 일이잖아. 난 너한테 돈 벌어 오라고 한 적 없다"고 말한다(진짜 얄밉다). 사실 그렇다. 내가 좋아서 하는 일, 그게 적절한 대답인 것 같다. 오랜 시간을 컴퓨터 앞에서 보내 1.5이던 시력이 몇 년 만에 0.6으로 떨어지고, 늘 손목과 허리엔 이미 만성이 되어 버린 통증이 있어도 일은 내게 활력이고 미래이기에 멈출 수가 없다.

  어느 날 문득, 어영부영 살다 맞이하게 될 나의 40대. 아이가 커서 내 손길이 더 이상 필요치 않을 때, 젊음도 사라지고 건강도 시들해졌을 때 내 삶은 어디서 보상받게 될 것인지를 생각한다. 힘들어도 내 이름을 걸고 하는 일이기에 자부심도 있고 시간이 지날수록 키워가는 재미도 있다. 해도 후회, 안 해도 후회라는 결혼을 한 것처럼, 뻔히 고행을 겪게 될 것을 알면서도 아이를 낳고 기르는 것처럼, 일은 나에게 수많은 고비를 치르게 하지만 마다할 수 없는 당연한 것이다.

part 05

쇼핑몰 운영은 게임이다

큰 기회는 어느 날 하늘에서 덜컥 떨어지지 않는다. 레벨1을 끝내야만 레벨2로 들어갈 수 있다. 내가 깨야 하는 레벨을 지나야만 다음 단계로 올라갈 수 있는 기회가 생긴다.

게임의 법칙

지금으로부터 15년 전, 내 나이 스무 살에 처음으로 컴퓨터가 생겼다. 대학 입학선물로 부모님께서 사 주신 컴퓨터였다. 당시 인터넷이란 것은 우리 같은 일반인들에겐 존재하지도 않았고, 컴퓨터는 단지 워드 작성을 하거나 친구들한테 뽐내기 위한 비싼 장난감 같은 것이었다.

컴퓨터에는 기본적으로 핵사와 테트리스 같은 단순한 게임도 깔려 있었는데, 머리털 나고 오락실 한 번 안 가 본 내게는 그 정도만으로도 상당히 흥미로웠다. '리포트를 매일 쓰는 것도 아니고, 쓰라고 깔려 있는 게임인데 그냥 썩히는 건 아깝잖아. 기분전환 정도야 괜찮겠지'로 시작한 것이 어느덧 1시간, 2시간 흘러갔고 급기야는 아침 해가 뜨도록 놓지 못하고 있었다. 그렇게 눈이 뻑뻑해서 도저히 더 이상 뜨고 있지 못할 때까지 붙들고 있다가 해가 중천에 뜬 시간에야 고꾸라져 잠이 들었다.

정말 아무것도 아닌, 아이들이나 가지고 노는 블록 가로세로 맞추기 같은 유치한 게임도 이렇게 손을 놓기가 힘든데 정말 복잡하고 실감 넘치는 게임들이야 오죽할까(그 후로 나는 컴퓨터 게임에는 절대 손도 대지 않는다).

게임에 미친 폐인들은 잠을 못 자서 눈에 핏대가 서고 며칠씩 못 감은 머리에 무릎이 나온 추리닝 차림이어도, 컴퓨터 주변에는 마시다만 커피 잔에 음식쓰레기들이 쌓이고 쌓여 쓰레기통을 방불케 해도 별로 개의치 않는다. 오로지 게임에만 몰두할 뿐이다. 그들은 다음 레벨로 넘어갈 기대에 가슴이 부풀어 자리를 뜰 수가 없다. 게임이 나이고 내가 게임이다.

시간이 지날수록 그들은 고수가 되어 손가락은 보이지 않을 정도로 키보드 자판에 착착 붙는다. 자판을 눌러 대면서도 커피를 마시고 삼각김밥을 입에 베어 물고도 쉴 새 없이 총을 쏘아 대고 아이템을 획득하며 레벨 업을 해 나간다. 요즘 표현으로 '빛의 속도'로 게임을 하면서도 할 건 다 할 수 있게 되었다.

쇼핑몰 운영도 이런 일련의 게임과 같다. 게임을 할 때 '레벨 업'을 시키듯이 열심히 몰두를 하면 쇼핑몰은 어느새 점점 커간다. 그렇지만 게임을 하다가 잠깐이라도 방심하면 순식간에 '게임오버'가 되듯이, 쇼핑몰도 집중해서 신경을 쓰지 않으면 바로 매출에 표가 나기 시작한다. 더욱이 소자본으로 시작한 사람의 경우 바닥으로 곤두박질하는 것은 한순간이다.

쇼핑몰을 최소한 1년 이상 몰두해서 운영해 본 사람이라면 이 말이 무슨 뜻인지 알 것이다. 정신없이 몰두하는 단계가 지나고 일이 손에 익으면 더욱 바빠지고 힘들어져도 동물적 본능으로 손발이 척척 움직인다. 서당 개 3년에 풍월을 읊는다는 말처럼, 그렇게 몇 년을 깨지고 넘어지다 보면 최소한의 직감이란 것이 생기고 주변상황이 더욱 바쁘고 긴박하게 돌아갈수록(표면적으로는 정신이 없어 보일 수 있을지언정) 나날이 발전되어 가는 업무처리 속도와 두뇌회전에 카타르시스라고 불러도 좋을 희열을 느끼게 된다.

돈만 바라보고 쇼핑몰을 운영한다면 금세 지칠 수밖에 없다. 자신이 하는 일이 다람쥐 쳇바퀴 도는 것처럼 단순해 보이겠지만 인이 박히도록 반복이 되고 수없이 넘어지면서도 쌓이는 노하우로 즐겁고 일하는 과정이 재미있어야 한다. 당연한 이치지만 노력하고 공들인 만큼 실력도 늘고 매출도 올라간다. 더 나은 상품을 찾아 내고, 홍보 방법을 연구하고, 고객의 취향에 끊임없이 귀 기울이고 노력하는 이러한 과정이 스트레스인 사람, 쇼핑몰 운영이 게임이 될 수 없는 사람은 오히려 직장 생활이 더 맞는 사람이다.

출퇴근 시간이 정해져 있고 퇴근 후와 주말에는 내 시간을 가질 수 있으며, 일정액의 월급이 통장에 입금되어 계획성 있게 미래를 준비할 수 있는 것이 직장이다. 지루한 직장 생활에 대한 회의감과 쇼핑몰에 대한 막연한 기대감에 직장을 나왔다가 착실히 모아 두었던 목돈을 허망하게 날리는 사람들도 수없이 많이 봤다.

앞서도 얘기했듯 회사를 다니면서 인터넷 카페를 같이 운영했던 나를 포함한 동료들 4명 중, 두 명은 동종업계의 다른 회사로 취업을 했고 나머지 두 명은 개인 사업을 하고 있다. 회사에 다시 취업한 친구들은 규칙적으로 일하고 쉴 때 쉬는 것을 더 좋아하고, 개인 사업을 선택한 나는 회사보다 좀 더 자유롭게 모든 것을 선택하고 내 마음대로 운영하는 것을 더 좋아한다. 인생에서 어느 것이 옳다고는 단정해서 말할 수 없다. 다만 나는 이 게임이 더 재미있고 내게 더 맞는 생활이기에 선택한 것이다

절대평가와 상대평가

학교 다닐 때 절대평가와 상대평가라는 말을 들어보았을 것이다. 쉽게 설명하자면 절대평가는 100명이 지원해 100명이 모두 70점을 넘으면 낙오자 없이 모두 합격인 운전면허 시험 같은 것이다. 반면 내가 1등이면 나머지는 상대의 실력에 견주어 2등, 3등으로 순차적으로 밀리는 것이 상대평가이다. 스포츠 경기가 대표적이며 챔피언은 단 1명뿐이다.

그렇다면 쇼핑몰 운영은 어떤 쪽일까?? 열심히 한다고 모두 대박 쇼핑몰이 될 수 있을까? 아니면 단 하나의 1등 쇼핑몰만 남겨 놓고 모두 쪽박일까? 업계에서는 단 5~7% 내외의 상위 쇼핑몰들만 살아남고, 나머지는 간신히 유지하는 정도이거나 6개월도 못 버티고 문을 닫는 형편이라고 말한다. 그렇다면 쇼핑몰은 상대평가에 가까운

셈이다. 나는 쇼핑몰이 대학입시와 같다고 생각한다. 커트라인 점수가 있는 것은 아니지만 그렇다고 모두가 대학에 갈 수는 없다. 높은 점수를 얻을수록 합격할 수 있는 가능성이 생기므로 최대한 좋은 점수를 받기 위해 노력할 뿐이다.

한편 국, 영, 수 과목처럼 선생님들이 귀에 못이 박히도록 강조하는 핵심과목이 있듯이, 쇼핑몰에도 사업과 상품 기획력, 사진과 편집력 등 창업 시 우선시되는 것들이 있다. 그러나 국, 영, 수가 중요하다고 나머지 과목을 포기할 수는 없다. 대입을 앞둔 고교생들 중에 국, 영, 수에 집중 안 하는 학생들이 있을까? 남들 역시 열심히 노력하기 때문에 당연히 나도 평균 이상으로 잘해야 하고 세무나 직원 관리, 택배 등과 같이 부가적인 부분들도 등한시해서는 안 된다.

중요한 것은 모든 과목에서 70점을 맞든지, 한 과목 포기하고 다른 과목들을 100점을 맞든지 우리는 합격(성공)만 하면 된다. 1등이 되면 금상첨화겠지만, 작은 성공이 우선목표라면 꼭 전 과목을 100점 맞으려고 기를 쓸 필요가 없다. 영어공부를 완벽히 하겠다고 문법책 앞장만 새까매지도록 공부하다가 작심 3일로 나가떨어지는 우를 범하는 말자는 얘기다.

1등이 아니어도 쇼핑몰은 성공할 수 있다. 전교 1등만 대학에 갈 수 있는 것은 아니라는 것! 우리는 가끔 왜 성공했는지 이해할 수 없는 쇼핑몰들을 종종 보게 된다.

"저거 봐. 사진을 저렇게 찍어 놓고… 참 안목을 이해할 수가 없다니까."

"그치? 뭐야? 모델도 너무 억지스럽고. 저런 옷들은 청평 가면 깔렸어."

그러나 국어, 수학이 만점인데 영어가 반타작인 학생도 대학은 들어간다는 사실을 알아야 한다. 모든 과목이 70점 이상인 학생도 있지만, 일부 과목이 꽝이어도 나머지 과목이 만점에 가까운 학생들도 있다(사실 내가 그랬다).

"창업이는 영어가 50점인데 대학에 들어갔대. 웃기지 않아?? 걔 매일 영어 선생님한테 혼나던 앤데."

내가 영어 70점 맞는다고 50점짜리를 우습게 보지 말자. 우리는 그 아이가 다른 과목은 만점이라는 사실을 보려고 하지 않는다. 역시 우리가 신나게 씹어 대는 이유를 알 수 없는(?) 대박 쇼핑몰에는 우리가 보지 못하는 뭔가 특별한 것이 있는 것이다.

액세서리 쇼핑몰의 특성

액세서리 쇼핑몰의 장점을 꼽으라면 무엇보다 제품의 단가가 낮은 편이라 처음 쇼핑몰을 시작할 때 비교적 적은 돈으로도 쇼핑몰의 구색을 갖출 수가 있다는 점이다. 또한 유행의 주기가 의류보다는 긴 편이라 유행을 쫓아가는 제품도 최소한 1년 이상은 유지되며, 심플하고 기본적인 디자인은 3년 이상 가는 것들도 많다. 실제로 내가 창업 시 팔던 몇몇 베스트셀러 제품들은 지금도 꾸준히 잘 팔리고 있다. 다만 당시 사진이 똑딱이 카메라(컴팩트 카메라)로 찍은 것이라 화질이 좀 미흡해 최근 재촬영했을 뿐이다.

그뿐인가? 사입 시 부피가 작아서 시장을 돌아다니기도 편하다. 한마디로 의류나 다른 잡화들처럼 커다란 대봉투를 지고 다니다가 몸살이 날 걱정이 없다. 무게가 덜 나간다는 특징은 택배 계약 시에도 아주 유리하게 작용한다. 택배사마다 조금씩 다르겠지만 일반적으로 같은 개수의 물량이라도 다른 품목들보다 더 저렴한 가격에 계약이 가능하다. 특히 초창기에 물량이 거의 없어 택배 계약이 어려운 경우에는 약 2000원 정도의 비용으로 등기를 이용하면 되니 초기의 진입 장벽이 상당히 낮은 편이다.

그러나 그렇게 시작하기는 쉽지만 지속하기가 어려운 품목 중 하나가 액세서리이다. 의식주에서 벗어난 품목이다 보니 타깃고객은 적은 데다가 진입 장벽은 낮아 판매자는 많은 대표적인 품목이다. 예를 들어, 100명의 사람이 있다고 치자. 그 중에 옷을 입고 있지 않은 사람은 없다. 반면에 액세서리를 전혀 하고 있지 않은 사람은 상당수 있다. 액세서리, 말 그대로 부수적인 것이기 때문이다.

인터넷 쇼핑몰 창업을 염두에 두고 자료 수집을 하다 보면 어떤 품목은 하지 마라, 의류는 레드오션이다, 틈새시장을 찾아야 한다는 등의 내용을 자주 보게 될 것이다. 그렇다면 액세서리는? 최근 들어 종종 보게 되는 내용인데 어느 마케팅 단체에서 발표한 〈쇼핑몰 창업에서 피해야 할 3대 업종〉이 아동복, 수제화 그리고 액세서리라고 한다.

액세서리는 의류에 비해 자주 사는 품목이 아니다 보니 재구매율이 많이 떨어진다. 고객들은 한 번 구입하고는 잊어버리고 수개월,

심하게는 몇 년 후 다시 구입하게 될 때 다시 검색을 해서 마음에 드는 쇼핑몰을 찾아낸다. 그래서인지 단골이 거의 없는 장사라 해도 과언이 아니다. 단골이 생긴다 해도 한 달에 몇 번씩 꾸준히 액세서리를 사는 고객은 거의 없다. 단골이 없다는 것은 새로운 고객을 계속 끌어들여야만 매출이 생긴다는 것이다. 즉 광고비 없이는 매출도 없다는 얘기다. 시작은 적은 돈으로 할 수 있지만 결국 돈이 없이는 돈을 벌 수 없는 슬픈 현실과 마주하게 된다.

액세서리 쇼핑몰이 큰돈을 벌기 힘든 이유 중 또 하나는 타 업종에 비해 저렴한 단가이다. 의류 쇼핑몰은 보통 겨울 장사로 먹고 산다고 한다. 여름옷은 단가가 낮아 똑같이 100벌을 팔아도 여름옷 5000원짜리 100벌 판 돈과 겨울옷 5만 원짜리 100벌 파는 것과는 10배는 족히 차이가 난다. 액세서리의 일반적인 단가는 이 여름옷값 정도라고 보면 된다. 타 업종에 비해 높은 마진율을 가졌음에도 1000원짜리 가져다 5배로 판들 겨우 4000원 번 꼴이니 일만 많고 수익은 형편없다. 결론적으로 단골이 없어서 막대한 광고비를 쏟아 계속 새로운 고객을 유치해야만 하며, 판매가 된들 단가가 워낙 낮아 광고비 대비 수익도 좋을 수가 없다.

그것뿐인가? A/S 부분만 하더라도 큐빅 빠짐이라든지 알레르기 등과 같은 소소한 것으로 매일 같이 고객과 실랑이를 하게

제품을 포장하기 위해 검품 중인 모습

될 것이다. 많이라도 벌면 그깟 배송비 옥신각신할 것 없이 내가 부담하고 교환해 주면 되겠지만, 겨우 몇천 원 남는 귀걸이 하나 팔았는데 큐빅이 빠졌다고 교환요청을 하면 울며 겨자 먹기로 배송료 5000원을 내가 부담하고 교환해 줘야 한다. 때로는 그렇게 적자를 보면서도 교환을 해 줘야 할 때도 많다.

아! 정말이지, 액세서리 쇼핑몰의 단점으로는 이 책의 별책부록을 만들어도 될 만큼 아직도 할 얘기가 무궁무진하다(그러나 독자 여러분의 사기를 바닥에 떨어뜨리다 못해 땅에 파묻어서야 쓰겠나?). 옷을 하면 성공하고, 액세서리하면 망한다는 이분법적인 얘기를 하는 것은 아니다. 최소한 과반수 이상의 액세서리 쇼핑몰들이 입을 모아 말하는 일반적인 특성을 얘기하는 것이다(물론 일반적인 특성이란 것은 '배는 사과보다 크다' 같은 상식이기도 하다. 배보다 큰 사과도 봤다고 반론하는 분들도 있겠지만, 보통 사과보다는 배가 더 크지 않은가?). 이는 무시할 수 없는 통계적 수치인 것만은 사실이다. '이것도 돈 벌긴 힘들겠군….' 하고 포기하란 말을 하기 위해 구구절절 단점들을 나열한 것은 아니다. 그 단점들을 극복하는 방법에 바로 해답이 있기 때문이다.

살아남는 자가 있는 곳이 블루오션

레드오션이란 말이 나와서 말인데, 단지 경쟁자가 많다고 그 품목이 사양산업 내지는 레드오션인 것일까? 그러면 우리 주위에 남들이 많이 안 하면서도 떼돈을 벌 수 있는 그런 것이 정말 존재하기는 할까? 존재한다고 한들 그게 얼마나 갈 수 있을까? 블루오션이 돈이 된다는 것이 알려지게 되면 너도나도 뛰어들어 결국 레드오션이 될 수밖에 없다. 우리 쇼핑몰 역시 꾸준히 신생 쇼핑몰의 벤치마킹 대상이 되었고, 아마도 이 책이 나오게 되면 더 많은 쇼핑몰들의 타깃이 될 것이 뻔하다.

해답은 레드오션 안에서 살아남는 것이다. 경쟁자들을 제치고 살아남으면 그곳이 바로 블루오션이다. 모든 사람들이 포화상태라고 입을 모아 말하는 의류 쇼핑몰이 다들 적자난에 허덕이는 것은 아니다. 오히려 매스컴에서 떠드는 성공신화의 대부분이 의류 부분인 것만 보더라도 품목은 그리 중요한 것이 아니다. 다만 내가 내 경쟁자들보다 많이 알고 잘 할 수 있는 일이라면, 좀 더 유리한 위치에서 시작할 수 있다면 그게 바로 블루오션인 셈이다.

타깃팅 - 내 고객은 내가 선택한다

처음 쇼핑몰을 시작할 때는 지금하고는 상황이 많이 달랐다. 지금은 일반화된 쇼핑몰 운영의 기본 같은 것들도 그때는 좌충우돌 몸소 겪어야만 알 수 있는 귀한 비법이었다. 기업에서 운영하는 큰 종합 쇼핑몰들이 서서히 생겨나고 있던 때였고 롤모델이 될 만한 전문화된 소호몰들은 많지 않았다. 집 근처 구립도서관을 다 뒤져 찾아낸 쇼핑몰 관련 도서라고는 대부분 포토샵이나 사진 리터칭, 홈페이지를 만드는 데 필요한 프로그램 사용법이었고, 인터넷 창업, 운영과 관련된 책은 겨우 두세 권 정도였다. 광고의 중요성이라든지 어떻게 운영해야겠다는 사업계획서 같은 것도 없이 겨우 30만원으로 시작해서 큰 굴곡 없이 지금까지 오게 된 것은, 어쩌면 경쟁업체도 많지 않고 작은 지식도 비법일 수밖에 없던 시절에 시작을 해서 운 좋게 자리 잡은 결과일 수도 있다.

사실 남들보다 먼저 시작하면 확실히 유리한 점은 있다. 그러나 얼마 지나지 않아 '쇼핑몰＝대박신화'라는 공식이 유행처럼 퍼지면서 많은 경쟁자들이 이 바닥으로 뛰어들었고 그로 인해 시장은 상당히 치열해졌다. 살아남느냐, 밀려나느냐의 생존싸움은 먼저 시작했다고 예외는 아니며, 승승장구할 것만 같았던 대박 쇼핑몰들 중에는 오히려 후발주자에게 밀려 소리 없이 사라진 곳들이 수없이 많다.

매출을 늘리는 것은 쉬운 일이다. 흔하고 널리 알려진 제품을 다른 쇼핑몰보다 훨씬 싼 가격에 올려놓고 비싼 광고를 걸어 놓으면 된다. 그러나 요즘 인터넷 쇼핑몰들이 많아지면서 대박을 치고도 적자난으로 허덕이는 곳들이 속출하고 있다. 과열경쟁으로 인해 자꾸 가격만 내리다 보니 많이 팔아도 남는 장사가 아닌 것이다. 어느 아동복 쇼핑몰은 연간 11억이 넘는 매출을 올리고도 순수익은 겨우 1000만 원대였다고 한다. 밤잠 못자고 전력으로 매달렸던 쇼핑몰에서 고작 월 100만 원도 못 되는 돈을 번 셈이었으니 운영자는 얼마나 허무했을까?

그뿐만이 아니다. 박리다매의 늪에 빠지면 돈만 못 버는 게 아니다. 몸도 마음도 축난다. 값싼 식당이 불친절한 이유가 무엇이라고 생각하는가? 까다로운 손님들에게 지치면 친절하기가 힘들기 때문이다. '이거 팔아서 얼마나 번다고 니들이 나한테 친절을 요구하냐?' 그런 마음도 있을 테고. 여러 사람한테 치이다 보니 한결 같이 친절한 태도를 보이기는 어렵고 마음은 점점 황폐해진다. 먹고는 살아야겠기에 장사는 계속하지만 결국 하루하루 버티기가 되는 것이다.

게다가 (비공식적인 얘기지만) 실제 쇼핑몰에서 진상이라 불리는 고객들의 과반수는 저가의 박리다매 제품을 구입하는 고객들이라고 한다. 좀 더 싼 것을 찾아 비교하고 또 비교하며, 쿠폰과 적립금을 준다면 천리 길도 마다 않는 인터넷 쇼핑의 진정한 지존(?)들이다. 그들에게 가격 대비 품질이란 말은 통하지 않는다. 아무리 싸다 하더라도 품질이 좋지 않으면 후기게시판을 악플로 도배한다. 이래저래 박리다매의 길은 멀고도 험하다.

1000원짜리 상품을 100개 파는 것과 만 원짜리 상품을 10개 파는 것의 매출은 똑같다. 밀란케이는 다른 액세서리 쇼핑몰보다 단가가 높은 제품을 판매하고 있다. 액세서리의 일반적인 단점을 보완하는 방법은 여러 가지가 있겠지만 우리의 경우는 가격대를 높임으로써 고질적인 악순환에서 벗어날 수 있었다.

밀란케이의 고객층은 30대 초중반에서 40대까지 커리어우먼과 합리적인 보보스족(Bobos, 부르주아의 물질적 실리와 보헤미안의 정신적 풍요를 동시에 누리는 미국의 새로운 상류계급으로서 1990년대의 젊은 부자를 상징하는 용어) 같은 사람들이다. 금전적으로 여유가 있어 명품을 구입하기도 하지만, 퀄리티 있고 합리적인 가격대의 제품들도 선호하는 그런 사람들이다. 그들은 때때로 수백에서 수천만 원대의 보석을 구입하기도 하지만, 주로 백화점에서 10~30만 원대의 준보석 액세서리 제품들을 큰 부담 없이 구입하는 고객층이다. 쉽게 말해서 우리가 졸업식이나 파티에 가기 위해 큰 맘 먹고 고급 원피스를 구입하기도 하지만, 길거리에서 파는 오천 원짜리 트레이닝복을 사기도 하는 것과 같은 이치이다.

  물론 모든 고객 분들이 다 그렇지는 않지만, 밀란케이 안에는 나름 고가의 물건임에도 '너무 싸다'며 한꺼번에 수십만 원씩 구입하고는 우르르 친구 분들까지 몰고 오시는 분들이 꽤 있다. 그분들이 공통적으로 꼽는 밀란케이의 장점은, '백화점의 반의 반도 안 하는 가격'이라는 점이다. 쇼핑몰 주인장인 나조차도 가끔씩 '전반적으로 가격대를 더 낮춰야 하는 건 아닐까? 나도 이 가격을 주고 액세서리를 사 본 적이 없는데 좀 비싼 거 아닌가?'라고 의구심을 갖기도 하는 판에, 어떤 사람들에게는 '이렇게 팔아도 남는 게 있냐'는 말까지 들을 정도이니 참으로 세상은 10인 10색이다.

  그렇기 때문에 우리의 눈높이로만 고객을 바라볼 필요는 없다. 그 다양한 고객층에서 내가 원하는 고객을 선택하면 되는 것이다. 디마케팅(Demarketing, '체피 파커'라 불리는 악성 고객을 선별하는 마케팅기법)이라는 것도 있지 않은가? 밀란케이는 그런 면에서 가격대와 연령층이 레드오션은 살짝 벗어난 편이다. 대중적이고 넓은 타깃층을 가진 것은 아니라 그런지, 다행히 아직까지는 우리와 컨셉이 겹치는 쇼핑몰들은 많지 않은 것 같다.

온라인 쇼핑몰은 오프라인과 완전히 다르다

우리가 상품을 기획하고 제품을 사입하기 전에 꼭 확인하는 것이 있다. 동종업계 쇼핑몰들을 되도록 많이 둘러보며 우리가 생각하는 제품들이 이미 많이 나와 있는지 가격대는 어떤지, 제품구성도 일반적인 오픈마켓의 상품들과 겹치지 않는지 항상 모니터링하는 것이다. 동종업의 개인 쇼핑몰을 벤치마킹하는 이유는 다른 물건, 다른 분위기를 유지하기 위해서이며, 반대로 대형 종합쇼핑몰을 벤치마킹하는 이유는 최적화된 시스템과 메뉴로 고객이 쉽게 지갑을 열게 하려는 것이다.

우리는 중개상(나까마 집)과는 거의 거래를 하지 않는다. 그들은 자체 제작하는 상품이 없거나, 혹 있더라도 많지가 않다. 또 상품 구색을 갖추기 위해(한 집에서는 감당할 수 없는 분량이라) 몇몇 중개상들이 모여 원 도매처에 주문을 넣어 대량제작을 한 다음 물건이 나오면 나눠 가져간다. 도매단가를 맞추기 위해 많이 하는 방법이다. 하지만 그로 인해 그 물건은 인터넷뿐만 아니라 길거리 어디에서도 흔히 볼 수 있다. 알다시피 흔히 볼 수 있는 제품들은 제값을 받기 힘들다. 그러나 흔하다는 것은 대중적이란 말도 되기 때문에 아예 무시할 수는 없다. 그래서 유행을 많이 타는 디자인의 제품은 약간의 변형을 주어 제작한다거나 미끼 상품으로 마진을 적게 잡고 팔기도 한다.

온라인은 고객이 사진을 보고 구입하는 것이라 우리의 경우, 만들 때마다 컬러나 모양이 달라질 수 있는 수공예품은 되도록 판매하지 않는다. 제품이 달라질 때마다 다시 사진을 찍고 편집하는 것이 번

거롭고 시간을 많이 빼앗기기 때문이다. 잘 나가는 베스트셀러 제품도 독특한 디자인의 제품보다는 무난하고 심플한 것들이 주로 많다. 고객들은 실제로 보고 주문하는 것이 아니라는 점을 염두에 두고, 실제 받아도 사진과 크게 다를 바 없을 만한 안전한 것들을 선호하기 때문이다. 때문에 후기가 없는 제품은 판매도 저조하다.

작년에 절친한 친구가 오프라인에서 액세서리 샵을 하게 되어 초기 사입 시 함께 다니며 도와준 적이 있다. 요즘에도 남대문시장에서 가끔씩 만나 점심도 같이 하고 사입할 때 같이 돌아다니기도 한다. 서로 잘 나가는 제품이랍시고 추천해 주기도 하는데 각자 너무나 다른 스타일들이었다. 그 친구의 고객들 역시 20대 후반~30대 초반의 금전적으로 여유 있는 직장인들로 우리 고객들과 비슷한 타깃층인데도 말이다.

"미란아, 실은 처음 오픈할 때, 네가 골라 준 제품들 거의 그대로 있어."

"어, 이상하다? 우리 쇼핑몰에서 진짜 잘 나가는 거라서 당연히 너도 잘 팔고 있을 거라고 생각했는데…."

친구의 말에 따르면, 오프라인은 주로 단골 위주의 장사라서 새로운 고객보다는 늘 오던 분들 위주로 반응 없는 제품은 재빨리 반품하고, 주기적으로 신상품을 들여와서 새로 깔아 줘야 한다고 한다. 그래서 온라인보다는 유행의 주기가 짧은 편이다. 또한 어디서나 볼 수 있는 흔한 유행상품보다는 독특한 희소가치가 있는 수공예품이 많이 나간다고 한다(흔한 것은 눈으로 확인하고 인터넷으로 찾아 가격비교해서 제일 싼 데서 산다는 얘기도 있다).

이렇듯 고객들의 구매 성향이 다르니 같은 타깃층이어도 판매되는 제품은 전혀 다를 수밖에. 괜히 도와준답시고 나선 것이 재고만 만들었으니 어찌나 미안하던지 지금 생각해도 얼굴이 화끈 달아오른다.

틈새상품군을 찾아라

요즘 쇼핑몰들은 20대 초중반을 타깃으로 하는 곳들이 가장 많은 것 같다. 아무래도 인터넷을 가장 많이 이용하는 연령대이기에 타깃이 되는 것이기도 하겠지만, 실은 쇼핑몰을 운영하고 있는 사장님들 연령대이기 때문이기도 하다. 예외적으로 10~20대 여성의류 쇼핑몰의 오너가 40대 남자 분인 경우도 있지만, 그런 곳들은 전문 MD나 스타일리스트와 같은 전문 인력을 고용하고 있는 기업형인 경우가 많다. 일반적으로 혼자 운영하는 소호형 쇼핑몰 운영자들의 성향은 자신이 가장 관심 있는 분야의 품목을 선택하고, 좋아하는 취향의 컨셉으로 쇼핑몰을 꾸미고 제품을 사입한다. 나도 그렇게 시작했고, 내 또래의 많은 주부들이 아동복 쇼핑몰을 하거나 답례품, 돌잔치 관련업을 하고 있는 것을 보면 더욱 그렇게 느껴지곤 한다. 그 나이대이거나 그와 같은 취향이어야만 알 수 있는, 설명하기 모호하지만 명확히 존재하는 공감대 같은 것.

밀란케이의 주 고객층은 나와 같은 30대, 직장인이면서 50~60대 친정엄마를 둔 딸이고 며느리이다. 30대 초반의 직장인이었던 나는 보보스족은 절대 아니었다(오히려 히피에 가까웠다). 결혼 전까지 길에서 파는 3000~4000원짜리 액세서리나 좋아하고, 가끔 친구들이 생일 선물로 사 주는 14K 귀걸이 몇 개가 내가 가진 귀금속의 전부였다. 결혼 예물로 남들은 다이아몬드 5부 내지는 1캐럿 반지에 루비, 진주 세트까지 구색 갖춰 구입할 때도 나는 이해할 수가 없었으니까. 그럴 돈이 있으면 집 사는 데 보태거나 저축해야지, 반짝이는 돌덩어리에 많은 돈을 지출을 하는 것은 사치라고 생각했고 아직까지도 그 생각은 크게 변함이 없다.

그러나 몸담았던 직장의 영향이었을까? 고가의 보석을 취급했던 곳이어서 주 고객들은 연령이 높고 경제적으로 여유 있는 사람들이었고, 명품에 대한 벤치마킹과 VIP 마케팅을 연구하고 배울 수 있었다. 그들이 보석을 구입하는 이유와 심리를 어느 정도 깨닫기 시작하면서 나 역시 조금씩 변하기 시작했다.

남자들의 로망이 BMW, 페라리와 같은 고급 외제차라면 여자들은 단연 티파니로 대표되는 '보석'이다. 그러나 소수의 부유층이 누리는 특권으로, 말 그대로 대부분의 사람들에게는 단지 로망일 뿐이다. 20대에는 젊음 하나만으로도 충분히 예쁘지만, 나이를 먹으면서 여자는 고가의 기능성화장품, 성형, 그리고 장신구(보석)로 치장하기 시작하는 친구들과 주변 여자들을 보게 된다. 특히나 그것은 부와 여유의 척도 비슷한 것이어서 결혼식이나 경조사, 동창회 같은 모임이 있을 때마다 친구가 하고 나온 모피코트, 진주 목걸이와 다이아 반지에 아무 것도 가지지 못한 자신을 한없이 초라하게 생각하게 된다.

예전 회사 다닐 때, 가끔 초특가로 나온 상품이나 직원들에게 특별할인을 해 주는 때에는 큰 금액은 아니지만 비취반지나 브로치, 목걸이를 할부로 구입하곤 했다. 자신을 위해 선뜻 보석을 구입하지 못하시는 친정엄마, 시어머니, 가족들에게 선물하기 위해서였는데, 밀란케이에는 (나와 같은) 이런 30대 며느리, 딸의 마음을 반영한 선물용 틈새상품들이 좋은 반응을 보이고 있다. 천연원석들을 사용한 실버 제품이 주류로 귀금속처럼 비싼 것은 아니지만 5~10만 원 미만에 가격대를 맞춘 합리적인 제품들이다. 값비싼 보석, 골드나 플래티넘은 아니지만 세팅과 도금 퀄리티가 높은 제품을 이처럼 저렴한 가격으로 구입할 수 있다면 얼마나 좋은 일인가? 또 어차피 자주 하게 되는 것도 아닌데 얼마나 가격 대비 합리적인가(짝퉁을 하라는 말은 아니다. 오해 없으시길).

그밖에 젊은 20대층을 위해 만든 10만 원대 초반의 다이아몬드 목걸이 같은 상품도 선물용으로 반응이 좋다. 직접 디자인해서 자체 제작한 만큼 마진도 쏠쏠하다. 일반 액세서리와 달리 금(gold)은 객단가가 세기 때문에 10~30개 정도씩 소량 제작도 가능하다.

남들이 모두 팔고 있는 유행 상품군들은 구색을 위해 갖추어야 하긴 하지만, 팔아도 마진이 적기 때문에 미끼상품의 역할을 할 뿐이다. 반면 실질적인 매출을 올리는 품목은 바로 이 틈새상품군들로, 고마진일 뿐만 아니라 다른 쇼핑과의 차별화를 만드는 블루오션 품목이라 할 수 있다.

제품 사입의 기초

"언니, 밖에 많이 춥지? 유자차 시켜 줄까?"

"됐어, 나 빨리 가야 돼."

(매점에 전화를 걸면서) "잠깐 잠깐. 금방 오니까 마시고 가."

그렇게 거래처에서 차 한 잔 얻어 마시면서 새로 나온 물건들이 있나 찬찬히 구경을 하고 있는데, 한쪽 모퉁이에서 아줌마 서너 분이 팔짱 끼고 몰려와 이것저것 만지기 시작한다. 보는 내가 다 식은땀이 난다. '아이고, 욕 좀 들어 먹겠군.'

아니나 다를까, 카랑카랑한 목소리의 점원이 소리친다.

"아줌마! 그렇게 막 만지지 마요. 우리 소매 안 해!"

"어머, 우리 장사하는데. 이거 얼마예요??"

"몇 개나 필요한데요?"

"이거 3개랑 이거 2개하고…."

"우린 그렇게 안 팔아. 저쪽에 가면 한 개 두 개 파는 데 많으니까 그리 가 봐요."

시장에 나오면 그렇게 욕을 먹고 민망하게 가 버리는 손님과 가벼운 말싸움이 나는 경우도 종종 본다. 이 정도는 보통 있는 일이고, 고객이 들고 있는 물건을 빼앗아 다시 진열하는 도매상도 있다. 장사가 잘 안 되는 집이거나 생긴 지 얼마 안 된 곳인 경우를 제외하고는 도매상들은 초보 소매상인에게 그리 친절하지 않다. 특히나 어깨 너머로 구경하기도 힘들 정도로 손님이 넘쳐나는 도매 집에서는 사지도 않으면서 그렇게 이것저것 만지고 구경했다간 욕먹기 십상이다.

몇 년을 거래해 온 나에게도 그다지 친절하진 않지만 제품이 질이 좋고 예뻐서 어쩔 수 없이 가는 거래처가 몇 군데 있다. 나 또한 그곳에선 무심한 표정으로 되도록 빠르게 골라 놓고 "여기 계산해 줘요." 하고는 별 말 없이 나온다. A/S가 생겨도 웬만하면 내가 손을 보거나, 모아 놓았다가 사장님이 직접 나왔을 때 한꺼번에 맡겨서 되도록 심기를 건드리지 않으려고 한다.

그럼에도 내가 아직 그런 곳과 거래하는 이유는 물건이 좋은 것도 있지만, 가격을 후려치는 영세 쇼핑몰들은 그 집 물건을 가져갈 수 없기 때문이다. 그 집과 거래하는 소매상들은 규모가 제법 있는 곳(일반과세자나 법인업체)들이라 대부분 기본 유지비와 세금으로 마진을 낮게 잡을 수 없는 곳들이다. 한마디로 그 집 제품들은 자연스레 가격 경쟁으로 골치 아플 일이 없는 물건들인 셈이다.

옆에서 보는 내 얼굴이 다 화끈거릴 정도로 쏘아붙이는 이 도매상들의 행동은 사실 자신의 주 거래처들을 보호하기 위해서이다. 물론 가장 좋은 거래처는 제품 좋고, 친절하고 A/S, 교환 확실히 잘 되는 집이겠지만, 보통 그런 곳은 너도 나도 쉽게 몇 개씩 물건을 가져갈 수 있는 중개상인 경우가 대부분이다. 중개상들은 상인이 아닌 일반인들에게도 (도매가에서 약간 더 붙인 싼 가격에) 물건을 팔기도 한다.

나 역시 초창기 사업 때는 행여 쌀쌀맞은 도매점원과 눈이라도 마주칠까 멀찍이서 지나가듯 구경만 했던 때가 있었다. 직업학교가 있던 신설동에서 멀지 않아서 수업이 끝나고 남대문이나 종로 귀금속 상가에 들렀다가 한 바퀴 휙 돌아보고는 집으로 향했다. 그렇게 일주일에 5일은 시장에 나왔던 것 같다. 주문 들어온 물건을 사러 가는 것이기도 했지만 돈이 넉넉지 않을 때여서 귀고리 몇 개 사고는 나머지 대부분의 시간은 이것저것 구경하고 가격 물어보고 하는 것이 전부였다.

그러던 중 손님들이 두 겹 세 겹으로 에워 싼 도매 집을 하나 발견했다. '가게가 여기뿐인가, 이 동네 널린 게 액세서리 도매집인데….' 그러나 예쁘고 고급스러운 제품들이 눈에 들어와 그 집을 포기할 수가 없었다. 그렇게 물끄러미 바라보기를 며칠째 하던 끝에 무작정 그 매장 앞으로 갔다. 서비스 판(물건 골라 담으라고 직원이 내어주는 쟁반이나 바구니 같은 것)을 내 손으로 끌어다 매대 위에 척 올려놓고는 그간 눈여겨 보았던 물건들을 군말 없이 담아 올렸다. 물건에 흠이 없나 꼼꼼히 살피지도, 가격이 얼마냐고 묻지도 않았다. 그리고 무표정한 얼굴로 점원에게 말했다.

"언니, 이거 계산해 줘."

점원은 내가 올려놓은 10개가 한 묶음으로 묶여 있는 귀걸이를 들어 보이며 물었다.

"이거 몇 개 빼 줄까요?"(그들 보기에 나는 한눈에도 초짜였기에 아마도 이 중에 한두 개만 사지 싶었던 모양이다)

"빼고 말고 할 게 뭐 있어. 그거 다 줘."(내가 초짜인 걸 눈치챈 것 같아서 강하게 나갔다)

어차피 도매가격이야 제품 종류별로 폴리백에 담아서 단가를 적어주기 때문에 도매가를 몰라서 가격 책정을 못하는 경우는 없다. 다만 단가를 알고 사입하느냐, 사입하고 나서 나중에 아느냐 차이일 뿐이다. 그렇게 몇 번을 사입하고서야 그 가게의 정식고객(?) 취급을 받기 시작했다.

시장은 무조건 자주 나와야 한다.

우리는 주2회 정도, 월 8~10회 정도 시장에 나온다. 재고량보다 많은 주문이 들어오거나, 급한 A/S 건을 제외하고는 정기적으로 나오는 사입은 주 1회 정도이다. 시장에 도착하면 동생과 나는 각자 갈라져서 거래처들에 들러 빠르게 사입 후 중간에서 만나 다른 건물로 옮겨가는 식으로 시간을 줄인다. 둘이 같이 움직이는 경우도 많기 때문에 남대문시장 상인들도 우리가 자매인 것을 다들 알고 있다.

"어? 오늘은 동생이랑 같이 안 나왔나 봐?"

"동생? 아, 랭땅에 들렀다가 이쪽으로 올 거예요."

주 거래처 외의 거래처들이 있거나 특별히 직접 확인해야 할 물건들이 많은 경우에도 동생과 함께 시장에 나온다. 우리는 구색집(원 도매가 아닌 중간 도매상, 나까마)에서 구입하는 경우는 거의 없고, 각 품목당 전문 원 도매 거래처가 30여 군데 정도 된다. 거래처가 너무 많으면 한 번 나올 때마다 시간도 많이 들고 사입금액이 분산되어 한 곳당 많은 돈을 쓰지 않기 때문에 거래처에서 세금계산서를 받거나 물건 값을 흥정하기도 쉽지 않다. 그래서 굵직한 곳들 위주로 추렸는데도 꽤 많은 편이다.

빠진 물건이 하나라도 들어오면 그것 때문에 시장에 나가야 하는 일도 부지기수다. '사입삼촌(쇼핑몰을 대신해서 거래처에 들러 주문 제품을 구입, 수거해 가져다 주며 사입을 대행하는 분) 쓰면 되지 시간낭비하며 직접 물건 하러 나오냐' 하는 사람도 있을 것이다. 그러나 동대문이라면 몰라도 아직까지 남대문(액세서리)은 사입삼촌을 쓰는 일이 일반적이지 않아서인지 수소문을 해본 적도 있으나, 결국 구하지 못하고 대부분 내가 직접 나간다. 어차피 사람을 구해도 내가 나가야 하는 일이 더 많을 것이기에 아쉬움은 없다.

액세서리는 그 특성상 같은 물건이어도 모양새가 좀 이상하거나 불량이라 하기에는 좀 애매한 부분들도 있고, 크리스털이나 진주처럼 거래처에서 아예 반품이 불가한 품목(운반 시 잔 흠집이 생길 수 있는 품목)도 있어서 처음에 도매상에서 가져올 때 확실히 확인하고 가져와야 한다. 때로는 상태가 여기저기 조금씩 거슬려 몇십 개의 제품 중에서 달랑 6~7개만 골라올 때도 많다. 고객들이 아무리 구해 달라고 졸라도 상태가 좋지 않으면(도매상에서 버젓이 팔고 있건만) 눈물을 머금고 품절처리를 하곤 한다.

로드숍(오프라인)이라면 약간의 흠집 정도는 정상가격에서 약간 할인해 주며 유연성 있게 판매하기도 하지만, 온라인에서는 없는 흠집도 만들어 무료 반품하는 고객도 있으니 눈에 쌍심지를 켜고 고를 수밖에 없다. 그렇게 물건을 꼼꼼히 고르고 있다 보면, 옆에서 바쁘게 물건들을 한 움큼씩 잡아 서비스 판에 내려놓고는 확인도 안 하고 돈만 휙 내고 쿨~하게 가버리는 이들이 있다(십중팔구 오프라인 숍을 운영하는 사람들인데 부럽다). 그럴 때면 간 작게 고르고 있는 내 자신이 되게 머쓱해진다. 어떤 도매사장님은 그런 내 기분을 눈치챘는지 묻지도 않았는데 먼저 말을 꺼내시기도 한다.

"아, 저 사장님? 부산에서 로드숍 운영하는 분인데, 한 달에 한 번씩 와(내 눈치를 한 번 살피시고는). 아유! 나야 가끔씩 오는 손님보다 꾸준히 팔아주는 자기네가 더 좋지."

이렇게 시장에 자주 나와 단골이 된 주 거래처에서는 보통 급하지 않은 건이나 부피가 큰 제품은 메일이나 팩스로 주문서를 보내 주면, 일반택배로 다음날 받을 수 있게 물건을 우선 보내 준다(까다로운 검품이 필요 없는 제품들이나 사은품용, 케이스 등). 선수금을 반 정도 지불하거나 완불을 해야 보내 주는 것이 관례이지만, 오랜 시간 신용이 쌓이니 이렇게 주문하면 바로 물건부터 보내 주시고 나중에 편하게 입금하라고 할 정도로 인심 좋은 거래처들도 생겼다.

사입만큼은 사장이 해야 한다

며칠 전, 그날도 동생을 데리고 남대문의 한 재료상가를 갔는데 거기서 우연히 디자이너 앙드레 김 씨를 보았다. 그곳은 약간 후미진 곳인데다가 완제품을 판매하는 곳도 아니었고, 반짝이는 액세서리 상가와는 대조적인 거대한 철물점 같은 곳이었다. 그래서인지 오래된 부속상가 특유의 허름하고 칙칙함에 그의 하얀 옷이 더욱 하얗게 눈에 띄었다.

"언니야! 저기 앙드레 김 아니야?"

"응? 아까부터 긴가민가 했는데 진짜네?"

"이야~ 앙드레 김이 이런 데도 와?"

"그러게. 멋지다, 그치?"

같이 온 한 직원을 돌려보내고 혼자서 꼼꼼히 들여다보고 확인하는 그의 모습이 그렇게 프로페셔널해 보일 수가 없었다. 게다가 그의 출현에 주위의 도매상들이 술렁이지 않는 것에서 그가 이곳을 종종 들른다는 사실을 짐작할 수 있었다. MD도 있고 디자이너도 많은 큰 회사일 텐데…. 게다가 남들 같으면 칠순잔치에 손주 재롱 보며 여생을 보내실 지긋한 연세에 직접 시장에 나와 부자재 선택까지 꼼꼼히 챙기는 오너가 과연 몇이나 될까?

우리 초짜 사장들은 회사가 번창하는 날이 오면 이 힘든 노동에서 벗어날 수 있을 것이라 생각한다. 거래처 수금이나 하러 다니며 잡다한 일은 직원들에게 시키고, 원하면 언제든 훌쩍 해외여행도 떠날 수 있을 거라고.

그러나 실망스럽겠지만 현실은 그렇지가 않다. 정상에 오르기는 쉬워도 정상에 머무르기는 어렵다는 말은 대부분 오너들이 정상에 근접하면 초심을 잃기 때문에 생긴 말이 아닌가 싶다. 사업이 번창해서 일손이 모자라 직원을 여럿 두는 날이 오더라도 오너는 시장을 등한시해서는 안 된다. 나는 배송이나 사진, 편집 업데이트 등은 직원의 손을 빌릴 수 있지만 사입만큼은 사장이 직접 관여를 해야 한다고 믿는 한 사람이다.

제품의 디자인은 그 쇼핑몰의 특성, 즉 컨셉을 좌우하지만, 품질은 쇼핑몰의 승패를 좌우한다. 상품기획과 품질은 오너가 주관을 갖고 꼭 지켜 내야 할 부분이라고 생각한다. 그리고 많은 선배들이 그렇게 정상의 자리를 지켜 내고 있다.

거래처 비장의 무기를 주목하라

거래처 총각들은 일하느라 바쁘고 등까지 돌리고 앉아 있었어도 누가 그 길목을 지나갔는지까지 알고 있다. 그들은 그 분야에선 프로페셔널이다. 도매상인들과 친분이 쌓이면 한정상품이나 그들이 단골에게만 특별히 빼 주는 기획상품을 제공받을 수가 있다. 앞서도 얘기했듯 대량으로 만들어 중간 도매상들에게까지 돌리는 저가의 흔한 상품이 아니라 따로 서랍이나 박스에서 보관해 놓는 비밀의 상품들이 있다.

인터넷 카페 중에는 쇼핑몰을 하는 사람들의 모임이 몇 군데 있는데 게시판에 사입처를 묻는 글들이 심심치 않게 올라온다. 흔한 예로 '××사이트에서 이 귀걸이를 봤는데 남대문을 다 뒤져도 찾을 수가 없네요'라는 글과 함께 사진이 올라오는 것이다. 아주 흔하게는 '그거 제작상품일 거예요'라는 글이 달린다.

그러고 보니 우리 쇼핑몰 제품 사진이 올라온 적도 있었다(댓글로 사진을 내려 달라고 정중히 요청해 삭제되기는 했다). 사실 그 상품은 거래처에서 시험 삼아 제작했다가 공임단가가 맞지 않아 단종을 시킨 상품이었는데, 남은 제품을 우리가 전량 사입하여 시중에서는 보기 힘든 상품이었다.

자주 가는 거래처 사장님한테서 '장사꾼은 10원의 차이에도 천리를 가야 한다'는 말을 들은 적이 있다. 더욱이 우리 같은 경우 가격 경쟁을 피할 수 없는 인터넷 쇼핑몰이기 때문에 품질은 유지하면서 가격을 낮출 수 있는 방안을 계속해서 고심해야 한다. 도매처 한정 상품 등도 좋다. 한편 소심하게 싼 데만 찾아다니느라 고생하느니 이윤이 적더라도 많이 팔면 될 거라고 쉽게 생각해서는 안 된다.

그렇다고 무작정 제작을 할 수도 없는 일이다. 도매업에 손대지 않는 이상, 제작까지 감행해서 그 많은 재고량을 소진하기는 어렵다. 그러나 예외적으로 사은품과 같이 꾸준히 계속 쓰는 것은 1000개 이상 대량제작을 해서 단가를 낮추기도 한다. 원가 800원의 사은품으로 예를 든다면, 남들은 대략 판매가 3000원 내외의 귀걸이나 발목양말 등을 사입하는 금액이지만 우리에게는 판매가 7000원짜리에 해당하는 헤어핀을 제작할 수 있는 돈이다.

단순히 이 사실만을 보아 액세서리로 떼돈을 벌 수 있을 것이라고 생각할까 노파심에 몇 자 더 적는다. 사은품의 경우 고객의 선택이 아닌 주인장이 임의로 넣어 주는 것이라 사실 재고로 남을 거라는 부담이 없다. 그렇기에 대량제작을 감행하는 것이다. 판매제품의 경우 몇천 개, 몇만 개씩 제작했다가 고객의 선택에서 외면당하면 모두 고스란히 고철로 남게 된다. 더군다나 수량을 소진할 판매루트가 많지 않은 초창기에는 더욱이 조심해야 할 것이다. 빨리 가고픈 마음에 한방에 목숨을 거는 우를 범하지 말자.

part **06**

쇼핑몰의 난관 헤쳐 나가기

전화응대 공포증에서 빠져나오기

나를 아는 대부분의 사람들은 내가 명랑하고 넉살도 좋으며 털털하고 재미있는 사람이라고 한다. 그래서 장사를 하면 잘할 체질이라고도 한다(심지어 나를 30년 넘게 봐 오신 부모님까지도 그렇게 생각하고 계신다). 그러나 그건 분명 나를 드문드문 알고 있는 것이다. 그건 어쩌면 남들이 나를 그렇게 봐 주길 바라는 나의 노력 때문이기도 하다.

인간에게는 동전의 양면처럼 전혀 다른 모습이 숨어 있다. 마치 지킬 박사와 하이드처럼. 나는 기분파이고 코믹하고 정신없는 사람이기도 하지만, 어질러지고 지저분한 내 방의 책꽂이에서 누군가가 책을 빼서 보고 그대로 끼워 놓았다 해도 눈치챌 만큼 히스테릭하고 예민한 부분도 있다. 그 예민함으로 이미 고등학생 때부터 신경성 위경련으로 병원신세도 여러 번 졌고, 남에게 폐 끼치는 것도 싫지만 남이 내게 폐 끼치는 것도 아주 질색인 지극히 개인적인 성격이었다. 앞서도 얘기했듯이 직장에서도 프리랜서처럼 혼자 진행하거나 외주를 주고 관리하는 일이 대부분이어서 동료 직원들과 일적인 것으로 부대끼는 경우는 거의 없었다. 그랬으니 망정이지 공동 프로젝트나 협동을 요구하는 업무였다면 몇 달도 못 버티고 싸움 나고 때려치웠을 것이다.

남들이 뭐라 하든 나는 그런 자신을 잘 알기에 사람들과 부딪히고 섞여야 하는 직장이나 오프라인 가게보다는 죽이 되든 밥이 되든 혼자 집에 처박혀 내 마음대로 운영할 수 있는 쇼핑몰이 잘 맞을 것이라 생각했다. 그리고 큰 걸림돌 없이 하나둘씩 물 흐르듯 진행이 되었다. 하지만 이렇게 자신만만하던 쇼핑몰 운영에도 복병이 있었으니, 그것은 바로, 전화 공포증!!!

직접 사람을 대면하고 이야기를 할 때는 주책스러울 정도로 밝은 성격인데도 이상하게 전화만 하면 평소에 잘하던 말도 더 더듬고 앞뒤가 안 맞는 소릴 한다. 절친한 친구 두세 명을 제외하고 익숙지 않은 지인들과의 통화에서는 어김없이 어색한 적막이 중간중간 흐르는데 그게 싫어서 아무 말이나 꺼낸다는 게 결국 그 모양이 된다. 보통 때도 그렇게 전화 받기를 어려워했는데 쇼핑몰을 시작하고 나서는 강도가 얼마나 심했겠는가? 좋아하는 사람 앞에서 얼굴이 새빨개지고 머릿속이 하얗게 되어 버리는 사춘기 소녀처럼 늘 긴장되고 두렵고, 벨 소리만 울려도 심장 벌렁거리고 '이걸 받아 말아?' 망설이다가 전화가 끊어지기 일쑤였다.

혹여 전화벨 소리가 마음에 안 들어서 그런가 해서 부드러운 클래식으로도 바꿔 보고 새소리로도 바꿔 봐도 여전히 벨 소리는 공포 그 자체였다. 여전히 가슴이 철렁 내려앉고 혀가 꼬여 버렸다. 한 번은 얼마나 더듬거렸는지 "어, 저기, 음, 그러니까…"를 반복하던 내게 전화를 받던 고객이 무슨 말인지 못 알아듣겠다고 화를 버럭 낸 적도 있었다.

그나마 오픈마켓 고객들은 전화보다는 게시판으로 문의를 하는 편이어서 충분히 시간을 갖고 생각해서 답변을 달아 주면 된다. 그러나 고객들이 모두 게시판으로만 질문을 하면 오죽 좋겠냐마는 성격 급한 우리 고객들은 전화기를 붙들고 이것저것 묻고 따지기를 더 즐기는 것 같다. 오늘 주문했는데 언제 받게 되냐는 전화나 시간이 없으니 제품을 전화로 주문한다는 고객은 그래도 대하기 쉬운 편이다.

그들은 내가 마치 자신들의 코디네이터라도 되는 양 '이게 어울릴까요? 저게 어울릴까요?'를 집요하게 묻기도 하고, 아예 게시판에 자신이 입을 옷과 사진을 찍어 올려놓고는 키는 얼마고 나이가 얼마이니 자신에게 어울리는 것을 추천해 달라고 요청하기도 한다 (그래, 나도 인터넷으로 옷 한 번 사려면 이것저것 재고 따지고 며칠을 고민하는 편이라 그 기분 이해한다).

한 고객과의 전화통화가 30분이 넘어가는 경우도 있고 하루에 서너 번도 넘게 전화해서 같은 질문을 하고 또 하고. 재차 확인해야만 하는 금붕어형 고객도 많다('돌다리도 두드려보고 건넌다'지만 돌다리가 부서져라 두드리는 고객들도 있다. 그것도 이해할 수 있다. 우리 엄마도 내가 학교 갈 때면 도시락 챙겼냐 몇 번씩 확인하던 분이셨고, 지금은 내가 신랑한테 그러고 산다).

그래, 뭐 이 정도쯤은 상식적으로 운영자의 서비스 마인드로 흔쾌히 받아들일 수 있다. 그러나 다짜고짜 전화해서 화부터 내며 큰소리로 불만을 쏟아 붓는 고객은 정말 당해 낼 재간이 없다(수화기 밖으로 주먹이 날아올 것 같은 기세다). 사용법을 몰라 힘으로 장식을 만져서 완전 찌그러뜨려 놓고도 제품 불량이라고 당당히 항의한다. 게다가 불량이니 반품하겠다, 불량이라 반품하는 것이니 배송료는 절대! 낼 수 없다며 무조건 전액 환불을 요구하는 참으로 난감한 이런 고객은 쇼핑몰에서는 빈번하게 있는 진상 유형이다.

내가 만약 쇼핑몰을 때려치운다면 그 원인의 1순위는 '전화 받는 것' 때문일 것이다. 가뜩이나 전화 울렁증이 있는 내게 이런 고객의 무차별 클레임은 너무나 큰 스트레스였다. 하고 싶은 말들은 조각조각 나뉘어 순서 없이 튀어 나오는데 환장할 노릇이었다. 그렇게 전화 벨 소리에 노이로제가 생겨갈 무렵, 구체적인 해결방안을 찾지 않으면 내 꿈은 여기서 끝을 볼 수밖에 없겠다는 생각이 들었다.

고심 끝에 생각해 낸 방법은 고객응대 매뉴얼이었다. 전화를 끊고 나서 '아, 이렇게 말할 걸' 하고 아쉬워했던 것들을 파일로 남겨 두기로 했다. 종이에 적어 두면 잃어버리거나 순서를 바꾸는 데 시간이 많이 걸리므로 컴퓨터 안에 '고객응대'라는 폴더를 만들어 그때그때 저장했다. 고객의 주문 내역을 찾아 컴퓨터 앞에서 전화를 받아야 하기 때문에 더욱 유용했다.

그렇게 시일이 지나면서 대부분 고객들이 자주하는 공통된 질문들이 있다는 것을 알게 되었고, 쇼핑몰 메뉴 중에 자주하는 질문(FAQ) 코너도 더욱 세분화해서 정리해 놓음으로써 고객이 전화 또는 게시판으로 질문하는 일을 줄여 나갔다. 또한 게시판 질문에도 일일이 처음부터 적을 필요 없이 매뉴얼에서 답변을 찾아 붙여 넣고 조금만 수정하는 방법을 썼다.

때로는 고객이 제품에 관해 질문을 하고 (운영자만 볼 수 있도록) 비밀글로 잠가 놓는 경우가 많은데, 필요에 따라 답변 글은 열쇠를 해제하고 올리기도 한다. 제품에 관해 자주하는 질문이나 다른 고객들에게도 알리고 싶은 내용이 있다면 시간을 들여 최대한 상세히 작성해서 비슷한 질문을 하고자 했던 다른 고객들도 볼 수 있도록 하는 것이다. 게시판 내용에 메일 주소, 전화번호 등 개인신상 정보나 프라이버시에 해당되는 내용이 없다면 보통 그렇게 비밀글을 해지해서 답변을 올린다. 특히 맞춤주문 제품의 상담 같은 경우는 다른 고객들이 게시 글을 보고 자신들도 그런 것을 만들어 달라고 요청하기도 한다. 그렇게 자주 변형주문이 있는 제품은 아예 신상품으로 재탄생하기도 한다. 혼자 운영하는 쇼핑몰에서 한정적일 수밖에 없는 상품 기획에 고객이 함께 기여한 셈이니 그야말로 일석 삼조가 아닐 수 없다.

그 외에 이메일로 답변을 처리하기도 하는데, 상담 시 말문이 막혔거나 간혹 필요 이상으로 흥분한 고객에게 생각할 시간을 주기 위함이다. 보통 화가 나 있는 고객은 상담자의 말을 끝까지 듣지 않고 자신의 주장만 내세우기 때문에 전화통화로는 쉽사리 설득이 되지 않는다. 고객에게 양해를 구하고 메일로 사진까지 첨부해서 설명을 해 드리면 상당히 효과적이다. 유형별로 미리 파일로 정리해 놓았기 때문에 답변을 하는 데 오랜 시간이 걸리지 않고, 고객에게 좀 더 논리정연하게 설명할 수 있다는 장점이 있다.

예를 들어, 고객과 가장 빈번하게 옥신각신하게 되는 부분은 배송료 문제이다. 교환을 하든, 반품을 하든 꼭 이 배송료가 사이에 끼어 고객을 설득해야 하는 일이 생긴다.

"무상으로 A/S해 드리겠습니다. 배송료는 고객님 부담으로 왕복 5000원입니다."

이것은 일반적인 쇼핑몰의 반품 또는 교환 시 원칙이다. 판매자 입장에서는 분명 무료로 A/S를 해 주는 것인데, 고객 입장에서는 배송료 5000원을 내므로 무료가 아니라고 생각한다. 아까운 마음에 부득부득 무료배송을 외치다가 판매자의 '원칙'에 밀려 마지못해 5000원을 지불하거나, (제품이 1~2만 원대의 저가제품이라면) 그냥 포기하고 버리는 쪽을 택하게 된다.

그러나 사실 불량의 대다수는 방법만 알면 집에서도 간단히 손볼 수 있는 경우가 많다. A/S로 접수되어 와도 집게로 한두 번 만지면 바로 멀쩡해지는데, 겨우 이것 때문에 배송료가 5000원이나 드는 것이다. 우리가 내든 고객이 내든 아깝기는 매한가지이다. 우리는 무료로 A/S해 드리는 것이라 이득이 없는 일인데도 왠지 고객에게 미안해진다. 그래서 고객에게 설명해 주려고 수리하는 과정을 사진으로 찍고 설명을 달아서 매뉴얼을 만들게 되었다. 그것을 메일로 보내 드리기도 하고, 문제가 일어날 것이 우려되는 제품은 프린트해서 함께 동봉하기도 한다. 최근에는 문제가 생긴 제품을 수리하는 방법을 동영상으로 찍어 메일로 보내 드린 적도 있다.

이 글을 읽고 있는 분들 중에는 '참 가지가지도 한다'고 생각하시는 분들도 분명 있을 것이다. 아시다시피 나는 전화통화만으로 이런 부분들을 고객에게 시원하게 전달할 만큼 언변이 뛰어난 사람이 아니다. 원칙을 내세워 쉽게 처리할 수도 있었다. 그러나 고객이 스스로 제품의 문제를 해결할 수 있도록 도움으로써 고객은 배송료 5000원을 아끼고 시간을 들여 수리할 필요가 없어졌고, 우리도 박스비와 인력 낭비를 줄일 수 있는데다가 고객의 신뢰까지 얻었으니 금상첨화가 아닌가?! 이것은 일례에 불과하다.

진정한 서비스는 원칙을 내세워 방어를 하기 이전에 서로 win-win 하는 방법을 고민해 보는 마음가짐이다. 쇼핑몰로 직접 전화를 하는 고객 다수의 분들은 사실 진상보다는 상품에 대한 궁금증으로 전화를 하는 분들이다. 목걸이 길이가 변형은 가능한지, 알레르기는 없는지 또는 주문했는데 언제 받게 되는지 등의 일반적인 질문들이며, 물건을 구입하고자 문의를 하는 사람들이다. 전화상담을 하다 보면 정말 까다로운 고객들이 많은 건 사실이다. 그러나 꼬치꼬치 묻는 고객에게 충실히 답변을 드리면 바로 구매로 이어지며, 단골이 된다는 점 또한 잊지 말아야 한다. 자신의 까다로운 입맛을 충족시켜 주는 쇼핑몰이 많지 않다는 것을 잘 아는 이런 고객들은, 의외로 자신에게 만족을 주는 쇼핑몰을 찾게 되면 오랫도록 충성도 높은 단골이 된다.

액세서리의 복병, A/S

TV나 냉장고 같은 가전제품을 구입할 때, 가격이 10~20만 원 더 비싸더라도 대부분의 사람들은 이름 있는 전자회사 상품을 구입하려고 한다. 브랜드의 인지도도 중요하지만 가장 큰 이유는 문제가 생겼을 경우 A/S가 신속하고 고객응대가 좋기 때문이다. 액세서리의 경우도 가격대가 중고가이거나 귀금속일수록 로드숍보다는 백화점을 더 선호하는 것도 같은 이유에서일 것이다. 밀란케이 역시 '싼 맛에 사서 대충 몇 달 착용하다가 버리면 되지' 할 수 있는 제품들은 아니기 때문에 그만한 서비스가 뒷받침되어야 한다고 생각한다.

우리 쇼핑몰의 A/S의 원칙은 일반적인 쇼핑몰들과 같다. 일주일 이내의 하자에 대해서는 배송료 포함 무상으로 하고, 이후 건부터는 배송료만 고객 부담으로 하고 있다. 은제품이나 고급 도금제품(일부 디자인상 어려운 것을 제외하고)은 재도금 1회 무상 서비스, 이후부터는 1000~3000원 내외의 비용 추가로 고객이 부담스러워하지 않는 금액 선에서 해 드리고 있다.

단순한 교환 차원의 A/S를 넘어서라

우리는 북마크로 들어오시는 고객이 70~75%선이다. 광고를 많이 하는 것도 아닌데 오래하다 보니 단골손님이 꽤 된다. 그러다 보니 1~2년 전에 구입하셨던 고객들의 A/S나 리폼 요청도 종종 들어오며, 그 밖에도 백화점에서 쇼핑을 주로 하시는 30대 후반~40대 분들이 우연히 우리 쇼핑몰을 알게 되어 전화문의를 주신다.

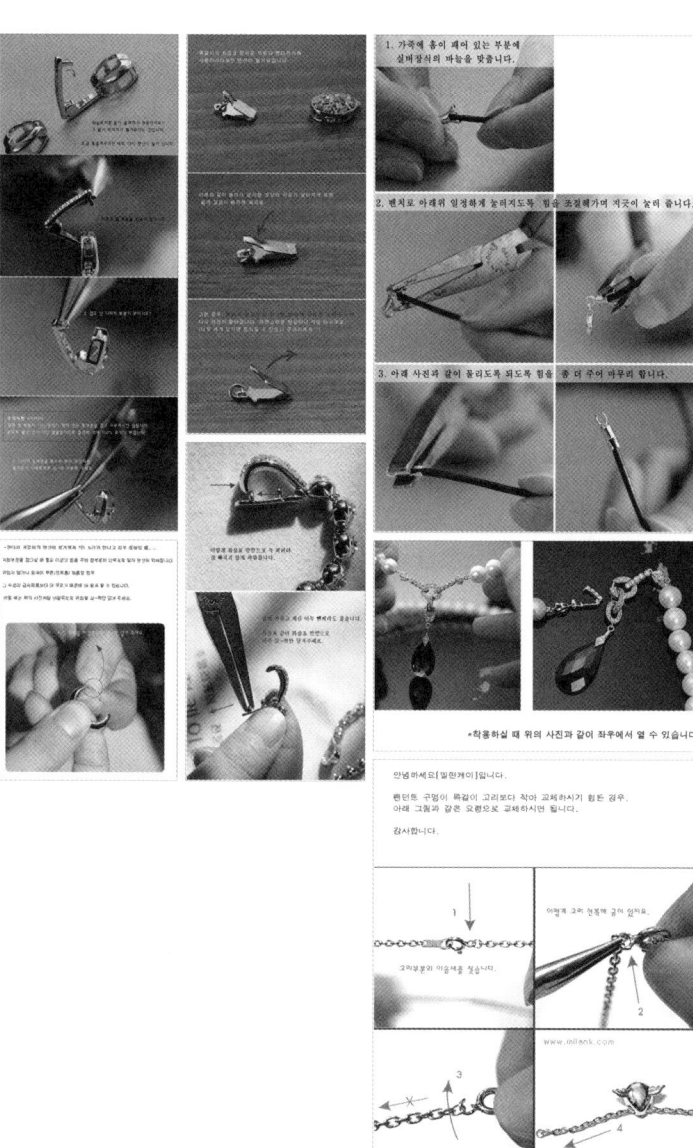

고객을 위해 안내해 드리는 손쉬운 A/S 요령들

"여보세요? 좀 아까 주문한 ×××인데요. 언제쯤 받게 되나요?"

"예, ×××고객님, 주문하신 제품들은 오늘 발송 예정입니다."

"아, 그래요? 여기 제작도 하시는 것 같아서 혹시나 해서 여쭈어 보는데요. 오래 전에 외국에 나갔다가 엔틱 목걸이를 사서 한참 잘 하고 다녔는데 이제는 줄이 너무 낡아서요. 버리기는 아깝고. 앞부분이 너무 예뻐서 대신에 진주로 목걸이 줄을 만들고 싶은데 가능한가요?"

"예, 고객님, 가능합니다. 우선 목걸이 전체 길이랑 원하시는 스타일을 메일이나 게시판에 비밀글로 올려주세요. 저희가 확인해서 금액을 알려드리겠습니다. 사이트 좌측 중간에 개인결제라는 메뉴 보이실 거예요. 그 안에 고객님 성함으로 결제메뉴 준비해 놓고 문자 드리겠습니다."

"그럼, 목걸이 만들어지면 오늘 주문한 거랑 같이 보내주시겠어요? 급한 것은 아니라서."

"예, 저희가 택배기사님이 방문수거하시도록 예약을 해놓겠습니다. 간단히 메모 적어서 작은 박스 안에 넣어 두셨다가 내일 기사님께서 방문하시면 그냥 드리시면 됩니다. 기사님께서 주소를 프린트한 스티커를 붙여서 가져가시니 주소는 따로 적으실 필요 없으시고요, 배송료 2500원은 리폼가격과 함께 결제하실 금액에 포함해 놓겠습니다."

단골고객 중 상당수는 이렇게 자신이 가지고 있는 유행이 지난 진주 목걸이나 스톤 귀걸이들을 리폼해 달라고 요청하기도 한다. 시간이 걸리고 조금 귀찮은 일이지만 고객만족 차원에서 스톤 가격과 공임을 받고 만들어 드린다. 이러한 맞춤 A/S를 받아 본 고객들은 대다수 밀란케이의 충성고객이 되며, 우리 역시 고객의 요청으로 이렇게 디자인 변형을 한 것이 새로운 베스트셀러가 되기도 한다.

그러나 주의할 점은, 쇼핑몰의 주객이 전도되어 리폼쇼핑몰로 흘러갈 수도 있으니 표면적으로 드러내지는 않고 고객과의 전화상담 시나 게시판 답변에 살짝 귀띔을 드리는 편이 좋다. 그리고 고객이 A/S나 교환을 하기 위해 택배를 보내야 하는 상황에서 기사님이 고객의 집으로 방문하여 수거하시도록 택배예약도 우리가 직접 한다. 택배에서 깔아 준 프로그램으로 주문했던 고객 이름을 조회하여 버튼 몇 번만 누르면 되는 것이라 간단하고, 나중에 그 부분의 세금계산서도 받을 수 있기 때문에 일석이조이다(참고로 고객이 직접 택배사에 전화 걸어 예약하면 고객이 신청인이 되므로 그 건은 세금계산서를 받을 수 없다).

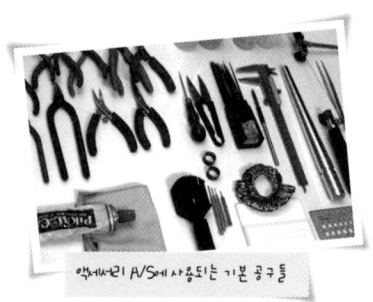
액세서리 A/S에 사용되는 기본 공구들

섬세한 오프라인형 서비스로 감동 주기

사은품이나 할인으로만 고객을 감동시킬 수 없다. 우리보다 저렴하고 시즌마다 할인행사를 열거나 쿠폰을 많이 주는 곳들도 많다. 그러나 고객은 그런 곳을 자신의 이익을 위해 이용할 뿐, 더 싸고 큰 금액의 쿠폰이 나온다면 다른 곳으로 미련 없이 떠난다. 보통 오픈마켓 고객들이 충성도가 낮은 것도 이런 이유이다.

우리 제품은 객단가가 높은 상품이다 보니 고객들이 불편한 점은 없는지 더욱 신경 쓰게 된다. 저가의 제품이라면 그냥 몇 번 쓰고 버리지 하고 생각하지만, 비싼 제품을 샀는데 몇 달 못가서 변색이 된다든지 알레르기가 생겨서 착용이 어렵다든지 하면 더욱 기분이 나쁘기 때문이다. 그래서 제품 보관하는 요령과 함께 폴리백을 여유로 넣어드리기도 하고, 세척용 광택천과 세척제 등을 서비스로 넣어 드리거나 별도판매를 한다.

나는 주문이 들어오면 그 고객의 등급과 예전 구매 내역, 나이와 지역 등을 확인한다(확인하는 데 대략 몇 초 정도). 형사들이 범인의 단서를 찾듯이 얼굴을 모르는 고객의 취향을 알기 위해 최소한의 조사를 한다. 물건을 포장할 때도 사은품을 고를 때도 고객의 모습을 상상한다. 고객과의 상담에서 고객의 키와 체격, 취향 등을 먼저 여쭤보고 바로 고객의 회원정보란에 메모를 남겨 놓는다. 그리고 고객들의 후기에서 어쩌면 사은품도 딱 내가 좋아하는 스타일이라고 좋아하는 고객들이 있을 때 보람을 느낀다.

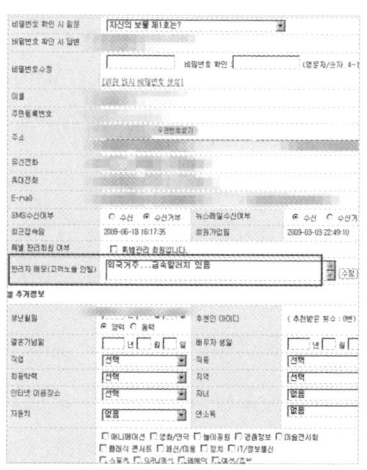

쇼핑몰관리자 페이지 안의 회원정보란에 운영자가 임의로 메모할 수 있다.

공지 없이 사은품을 챙겨 준다거나 고객에게 맞춤서비스해 드리는 것은 기본이다. 목걸이의 길이를 줄이거나 늘려 준다거나 금속 알레르기가 있는 분들을 위해 귀걸이 귀침을 은이나 금으로 교체하거나 디자인을 수정해 주기도 하고, 고객의 연령과 취향을 고려해서 제품을 추천해 드린다. 또한 찾아오시는 고객에게 근처로 나가 제품을 전달해 드리기도 하고, 고객이 요청하는 경우 퀵서비스로 보내기도 하는 등 온라인이지만 오프라인형의 서비스를 해 드린다. 작은 구멍가게가 성공하기 위해서는 대형마트가 할 수 없는 소소한 것들은 신경 써 주어야 한다. 온라인 소호몰의 한계를 고객을 위한 섬세한 배려로 뛰어 넘어야 한다.

상표권에 걸려 넘어지다

의류나 기타 다른 잡화류들도 그렇긴 하지만 액세서리의 경우는 정말 이미테이션들이 많다. 샤넬이나 디올, 티파니, 까르띠에처럼 유명브랜드들은 물론이거니와 때로는 나도 알 수 없는 디자이너 브랜드들의 제품까지 참으로 많은 카피와 아류들이 지금도 계속 만들어지고 시장에 쏟아져 나오고 있다. 대부분의 판매자들은 불법인 줄 알고는 있지만 찾는 사람들도 많고 마진도 좋기 때문에 이미테이션의 유혹을 뿌리치지 못하고 갖다 파는 경우가 많다.

처음엔 도매 거래처에서 모르고 가져왔다가 나중에 가격대 알아보려 여기저기 사이트 뒤적이다가 우연히 브랜드를 알게 되는 경우도 비일비재하다. 사실 브랜드 로고가 디자인에 포함되어 있지 않은 이상 디자인만 보고는 어디 브랜드인지 한눈에 알 수는 없기 때문에 초보 운영자들은 예쁘다고 왕창 사들였다가 나중에 낭패를 볼 수 있다.

처음 밀란케이를 시작했을 때는 이미테이션을 많이 가져다 팔았다. 사실 전공자인데다 직장에서도 브랜드 마케팅 홍보를 전담했기에 디자인만 봐도 어디 것인지 모를 리가 없는지라 몇 개월간은 양심에 찔리고 꺼림칙했다. 그러나 매출에서 표가 나니 중독처럼 쉽사리 내려놓을 수가 없었다. 남들과 차별화된 색깔 있는 브랜드를 만들고 싶었던 꿈은 온 데 간 데 없어지고 두둑해지는 통장 잔고에 내 양심은 무감각해지기 시작했다.

그러던 어느 날이었다. J○○ 법무 전담팀이라는 곳에서 전화가 왔다.

"사이트에 올라가 있는 제품 중에 ○○는 저희 회사 제품으로 의장등록이 되어 있는 디자인이기 때문에 귀사께서는 상표권 침해로 ×월 ×일까지 본사로 출두하시기 바랍니다."

눈앞이 캄캄해졌다. 심장이 덜컥 내려앉는 것 같았다. 오래된 재고로 페이지 맨 뒤에 있던 제품이어서 있다는 것조차도 까마득히 잊고 있던 고양이 모양의 귀걸이였는데 상표권 침해로 문제가 된 것이었다. 무뎌져 있던 양심 때문이었는지 잠시 억울한 기분까지 들었지만 엄연히 법을 위반한 것. 전화를 끊고는 정신이 들자 부끄럽고 얼굴이 화끈 달아올랐다. 상대편에선 200만 원의 합의금을 요구했지만 거의 판매하지 않았던 제품이라 사정을 해서 다행히도 합의금 30

만 원을 내고 종결이 되었다. 당시 본 상표권 침해 건으로 우리를 포함하여 1000여 군데가 넘게 걸렸다는데 액세서리에 관련해 얼마나 이미테이션이 만연해 있는지 정말 놀라울 따름이었다. 사실 금액도 금액이지만 내게는 초심을 다시 찾는 계기가 된 사건이었다.

짝퉁과 st(스타일)의 경계를 파악하자

흔히들 짝퉁하면 의류나 가방, 구두 등과 같은 잡화류를 많이 떠올린다. 루이비통, 샤넬 핸드백, 페라가모 구두는 물론이겠거니와 이름도 생소한 디자이너 의류들까지 없는 게 없다. 액세서리 쪽도 예외는 아니어서 오히려 이미테이션이 아닌 제품만 쏙쏙 뽑아 고르는 것이 더 어려울 만큼 많이 깔려 있다. 그래서 유명한 상표를 제외하고는 100% 카피가 아닌 비슷한 스타일은 그냥 사입하기도 하지만 영 찝찝하다. 상표권 문제로 벌금도 물어 본 터라 더 신경이 쓰인다. 그나마 관련 업종에서 오래 있었던 터라 웬만한 것은 보면 대충 알기에 되도록 피해 가지만, 어떨 때는 한참 판매한 후에 뒤늦게 알게 되는 경우도 종종 있다. 그래서 요즘엔 사입할 때 도매상에 먼저 물어본다.

"언니, 우리 인터넷이잖아. 짝퉁은 안 돼. 알지?"

"알죠, 그럼. 이건 괜찮아요, 날개는 비슷한데 똑같은 건 아니고…."

그렇게 긴가민가한 것은 도매상에 물어 도움을 받을 수도 있다. 그러나 우선은 판매자 자신도 유행하는 명품 디자인과 최신 제품들에 대해 관심을 갖고 지식을 쌓아야 한다. 소위 명품이라 불리는 해외 고급 브랜드들은 매년 신제품이 계속 쏟아져 나오는 것이 아니라, 브랜드의 특징적인 디자인이 수십 년씩 가는 경우가 많으니 유명 브랜드의 특징과 대표 상품군 정도는 알고 있는 것이 좋다. 시장의 유행을 선도하는 것이 기존 유명 브랜드나 각종 패션쇼와 잡지에 소개된 명품 브랜드가 대부분이어서 현실적으로 100% 피해갈 수 없는 부분이지만, 최소한 법의 선을 넘게 되는 일은 없도록 조심하도록 하자. 탈세와 절세의 차이처럼, 짝퉁과 st(스타일)의 경계를 잘 파악하고 있어야 낭패를 겪지 않는다(디자인상으론 전혀 상관없는 제품이라도 상품명에 유명 브랜드의 이름을 거론하는 것만으로도 상표법 위반이 되기도 한다).

한 가지 더 유의해야 할 것은 연예인 초상권과 관련된 문제이다. 연예인 스타일이라고 해서 착용사진을 그대로 가져다 쓰는 쇼핑몰들이 많은 것으로 안다. '어차피 여기저기 다들 쓰는데 뭐 어떠랴' 생각했다가 역시 큰 코 다치는 수가 있다.

신고 포상금을 노리는 법파라치라는 것이 생길 정도로 인터넷 쇼핑몰은 탈세와 상표권 침해 신고 등의 표적이 되고 있다. 일일이 나열하기엔 책 한 권이 되는 긴 내용이어서 짧게 언급만 했지만, 판매자가 무지하다고 용서되는 부분이 아니니 결코 가볍게 생각하지 않았으면 한다.

얄미워도 적은 만들지 말자

내 쇼핑몰의 이름으로 키워드 광고를 하는 동종업의 쇼핑몰이든,

한참 바쁠 때 걸려오는 (귀찮고 가끔 무례하기도 한) 광고대행사들의 전화든 나는 공격적으로 대하지 않으려 애쓴다. 그들을 직접적으로 불쾌하게 만들어 좋을 게 없기 때문이다.

그러나 그들의 일부는 고의로 내 쇼핑몰을 타깃으로 같은 물건을 싸게 팔고 내 키워드와 같은 광고를 구입해서 내 고객을 의도적으로 빼앗을 수도 있다.

우리 쇼핑몰의 경우, 아직 동종업의 직접적인 방해를 받은 적은 없지만(혹은 심증은 있지만 물증이 없어 그런 일을 당한 건지 아닌지 분간이 되지 않지만) 내 주위에는 동종업 내의 다른 업체의 방해로 골머리를 썩는 사장님들이 상당수 있다. 보통 시작은 상대방이 잘 파는 히트상품을 똑같이 가져다가 더 싸게 해서 팔거나, 제작상품의 경우 카피제작도 불사하다가 미움을 사는 것이 시초가 된다. 또는 유명세를 타거나 잘나가는 쇼핑몰이라는 이유로 단순히 타깃이 되기도 한다(이런 이유로, 대박 쇼핑몰도 아닌데 폭격을 맞을까 봐 필자도 이 책을 쓸 것인가 말 것인가를 심히 고민하기도 했다).

그들은 일부러 상대방의 제품을 대량 구입했다가 반품한 후 게시판을 악플로 도배하기도 하고, 상대방이 진행하는 광고를 골라 가며 부정클릭을 하는 등 치사한 수법으로 골탕을 먹인다. 그걸 눈치채고 가만히 당하고만 있으랴, 반대쪽에서도 보복에 들어간다. 그렇게 주거니 받거니 서로 헐뜯고 복수하고 만신창이가 된다.

실제로 빈번하게 있는 사례로는 경쟁업체의 제품을 대량으로 구입한 후 반품을 하는 일이다. 인터넷에서 답례품 사업을 하는 한 친구는 고객이 자수까지 넣어 백여 개의 수건을 주문했는데, 며칠 후 마음에 안 든다고 이것저것 트집을 잡아 입금도 안 하고 전화해서 오히려 큰 소리를 치는 등 굉장히 스트레스를 주었다고 한다. 사실 자수까지 들어간 거라 다른 사람에게 팔 수도 없고 그냥 폐기처분해야 하니 손해가 이만저만이 아니었을 것이다. 그런데 뭔가 미심쩍은 부분이 있어서 그 고객의 아이디와 주소를 추적해 본 결과 자신을 벤치마킹해서 늘 따라하던 경쟁업체였다고 한다. 너무나 황당하고 어이가 없었으나 결정적인 단서가 없어서 따질 수도 없고, 본인 역시 비슷하게 골탕을 먹이고 싶다고 나를 포함한 지인들에게 비방의 글을 부탁하기도 했다(결국 나에게까지 피해가 올지도 모른다고 관두라고 하긴 했지만, 친구가 그 일로 며칠을 잠도 못 자고 분통해 했던 것이 기억난다).

전쟁은 이기든 지든 싸우는 양쪽 모두에게 상처를 남긴다. 오히려 제3자에게 어부지리로 득을 주기도 한다. 헐뜯는 사람이나 당하는 사람이나 둘에게는 모두 손해일 뿐이다. 그들이 서로 손해를 보고 망조로 간다면 동종업계의 다른 누군가에게는 경쟁업체가 알아서 줄어들었으니 득이 될 수밖에. 남 좋은 일 하지 않으려면 웬만하면 상도의는 지키도록 하자.

part
07

고객은 왕이 아니다

 요즘 고객들은 상당히 합리적이다. 불필요한 물건을 충동구매하기를 원치 않는다. 불경기이거나 비수기일 경우엔 이런 특성이 더욱 두드러진다. 예쁘고 탐이 나더라도 왜 구입해야 하는지 어떤 상황에서 필요한지, 얼마나 많은 장점을 가지고 있으며 가격 면에서 합리적인지 설득이 되어야만 비로소 지갑을 연다.

 동네 세탁소에 맡겨 수선할 수 있는 의류나 잡화류에 비해 액세서리는 전문 공장이나 공방에서밖에 고칠 수 없는 까다로운 부분들이 있기에 고객들은 구입 전에도 많은 것이 궁금하다. 그렇기에 운영자는 디자인이나 기능뿐 아니라 보관 및 관리방법에 따른 제품의 수명, 피부와의 접촉성 알레르기, A/S에 관해서 고객보다 더 많이 알고 있어야 하고, 제품마다 장단점과 특성 또한 파악하고 있어야 한다. 판매자가 지식이 부족하다고 느껴지면 까다로운 고객들은 바로 발길을 돌리며, 판매자를 얕잡아 보고 제품하자로 반품하겠다고 엄포를 놓기도 한다.

 쇼핑몰을 오픈한 초기에는 흔히들 광고만이 살 길이라고 생각하기 쉬운데, 광고는 고객을 끌어들이는 수단이지 지갑을 열게 만드는 수단은 아니다. 1~2만 원대의 물건만 팔 생각이라면 상관없지만 고가의 물건을 팔려면 고객에게 '선생님' 소리를 들을 정도의 지식을 갖추어야 한다. 아무리 광고를 해서 들어오는 유입량이 많더라도 고가의 물건일 경우 고객은 전화를 걸어 모든 것을 꼼꼼히 확인한다. 그래서 액세서리에 대해서는 최대한 지식을 갖추려 하지만, 고객은 아무리 많이 대해도 완전히 알기가 힘들다.

수년간 쇼핑몰을 운영하면서 고맙고 점잖은 고객들이 대부분이었지만, 간혹 그날 하루의 기분을 망치는 것으로도 모자라 심각하게 쇼핑몰을 때려치우고 싶다는 생각이 들게끔 하는 막무가내이고 파렴치한 고객들도 있었다. 내가 이렇게 쇼핑몰 관련 책을 쓰게 될 줄 알았다면 그간의 일들을 메모라도 해 놓을 걸, 하는 후회가 들 정도로 이 철없는 고객들의 행태는 천차만별이었다.

좋지 않은 기억은 다시 떠올리지 않는 것이 정신건강에 좋다고 스스로 다짐하면서 살아왔기 때문에 막상 떠올리자니 세세한 부분까지는 잘 생각이 나질 않지만 그럼에도 이들의 행태를 아는 것이 도움이 되겠다 싶어 기억나는 몇몇 사례들을 꺼내 본다.

쇼핑몰 4년 만에 경찰서를 가다

제품 판매 시 요즘 거의 모든 쇼핑몰들의 기본 원칙은 선불제다. 결제가 된 것을 확인한 다음에 물건을 보내 준다는 것이다. 우리도 역시 초창기부터 지금까지 선불제이다. 간혹 급하게 다음날 꼭 받아야 하는데 돈은 오후 늦게쯤 입금할 수 있다는 등의 이유로 간곡히 사정해서 어쩔 수 없이 고객을 믿고 물건 먼저 보내 주었는데 전화도 받지 않고 연락도 되지 않거나, 맞교환으로 새로 보낸 물건을 받기만 하고 교환할 물건을 보내지 않는 고객들도 서너 번 정도 있었다. 대부분 물건이나 돈을 받지 못하고 끝났지만 큰돈이 아니었기 때문에 거기에 신경 쓰느라 다른 일에 지장을 줄 수 없어 포기하곤 했다. 때문에 이제는 철저하게 선불제를 지키고 있으며 단골일지라도 먼저 물건부터 보내 주는 경우는 없다.

그러던 어느날, 쇼핑몰 운영도 4년차에 접어든 올해 일이다.

"따르릉~"

"예, 밀란케이입니다."

"어제 전화 드렸던 사람인데요. 오늘 몇 시까지 입금해야 내일 받을 수 있나요?"

"예, 고객님, 3시까지 주문마감이고요, 3시 전까지 입금 완료해 주시면 당일 발송되어 내일 받으실 수 있습니다."

"일본에 있는 친구한테 보낼 거라 늦지 않게 내일은 꼭 도착해야 하거든요. 꼭 좀 부탁드려요."

"예, 고객님, 혹시 조회가 되지 않는데 주문은 아직 안 하셨나요?"

"예, 그냥 전화로 주문하면 안 되나요?"

"예, 그래도 혹시 제가 잘못 받아 적을 수도 있으니까, 아직 시간이 있으니 저희 사이트에서 직접 주문서 작성해 주시겠습니까?"

"그럼, 회원 가입해야 하나요?"

"아니요. 꼭 하실 필요는 없고요, 원치 않으시면 비회원으로도 주문가능하십니다."

그렇게 전화를 끊고 시간이 흘러 4시경이 되어 아까 그 손님에게 다시 전화가 왔다.

"낮에 전화 드렸던 ×××인데요. 제가 수표를 입금시켰더니 이체가 바로 안 되고 내일 오후 3시가 넘어야만 가능하다고 하네요. 제가 예약이체를 해 놓을 테니 오늘 물건 보내주시면 안되나요?"

"고객님, 죄송합니다. 저희는 입금이 완료가 되어야만 발송을 하는 것을 원칙으로 하고 있습니다."

"죄송해요. 그런데 꼭 내일은 받아야 해서. 제가 주민등록번호도 불러 드릴게요. 저희 집에 배달하시는 택배기사님께서 가지고 계시다가 내일 이체 확인되면 제가 바로 기다렸다가 받아도 안 될까요? 저도 지금 아이 둘 데리고 입금하려고 집에서 차 타고 멀리까지 나왔는데 이렇게 되서 너무 당황스러워요. 꼭 좀 부탁드려요."

그렇지만 주민등록번호를 불러 준들 허위일 수도 있고, 기사님이 오전에 들르시는 곳일 수도 있기에 가지고 계시다가 지나온 곳을 다시 돌아가서 배달한다는 건 현실적으로 힘든 일이었다.

그러나 고객은 너무나도 간곡히 호소했다. 이전에도 그 제품에 대해서 몇 차례 상담을 했었고 아이까지 업고 나와서 힘들게 입금했다는데 입금이 안 되서 물건 못 보낸다고 냉정하게 잘라 말할 수가 없었다. 나도 아이의 엄마라 그랬는지, 왠지 '아이 키우는 엄마가 거짓말은 아니겠지' 하는 생각에 마음이 약해져 찝찝하긴 했지만 결국 물건을 보내 주게 되었다.

그러나 그 고객은 입금을 하지 않았다. 독촉을 몇 번 했는데 처음엔 알았다고 하더니 다음부터는 아예 전화를 받지 않는 것이었다. 매일같이 전화를 했지만 전화를 받지 않자 혹시나 하는 마음에 동생 핸드폰을 빌려 전화를 걸었더니 바로 받는 것이었다. 내 전화를 일부러 받지 않았던 것이다.

화가 머리끝까지 났다. 그 사람보다 내 자신이 어리석었던 것이 더 화가 났다. 무슨 근거로 물건부터 보내 주고 이렇게 며칠을 골치를 썩고 사서 고생하고 있는 건지. 최후통첩으로 몇 번의 문자를 보냈다. '×일까지 입금이 되지 않을 시에는 저희도 법적 대응을 하겠습니다.' 뭐 이런 내용이었는데, 그때만 반짝 곧 입금하겠고 기다려 달라는 문자가 왔다. 그러기를 한 달이 넘어 갔고 그 사람에게서는 더 이상 전화도 문자도 오지 않았다.

그렇지만 이번엔 그냥 넘어갈 수 없었다. 예전처럼 '이런 거 신경 쓸 시간에 제품 하나라도 더 파는 게 낫다'고 생각하고 잊어버리기엔 너무나 괘씸하고 분해서 밤에 잠이 오질 않았다. 사실 금액은 12만 원 정도였는데 돈보다도 그 수법이며, 아이를 핑계로 사람 마음을 약하게 한 것이 미리 생각한 각본이라면 정말이지 치가 떨리는 일이었다. 그래서 이젠 연락도 안 되고 스스로 성공했다고 좋아하고 있을 그녀를 위해 고소를 하기로 결심했다.

떨리는 가슴을 안고 경찰서에 전화를 했다. 그러나 동네 경찰서(지구대)에서는 사기 건이나 형사 건은 취급하지 않는다며 마포경찰서를 알려주었다. 각 구에 하나 있는 큰 경찰서라 버스를 타고 제법 멀리 가야만 했지만 오기로라도 찾아갔다. 막상 커다란 경찰서(경찰서라기보단 무슨 법원 같은 느낌) 앞에 서니 많이 떨렸다. '에효, 내 팔자에 웬 경찰서냐?'

무거운 발걸음을 옮겨 안으로 들어갔다. 1층에서 민원상담원의 도움을 받아 그간의 정황을 조서로 작성해서 첨부를 하고 안내를 받아 2층 사이버 수사과로 올라갔다. 사무실 문을 열자 수사드라마에서 본 듯한 시커먼 형사 분들이 각 책상 앞에 앉아 분주히 전화를 받거나 뭔가를 작성하고 있었고, 형사에게 큰 소리로 뭔가를 호소하는 사람들도 보였다. 심장이 얼어붙는 것 같았다.

"이쪽으로 앉으시죠?"

"아, 예…."

"무슨 일로 오셨나요?"

나는 주섬주섬 가방 속에서 미리 준비해 온 증거물(주문서, 운송장 번호와 택배 추적 내역, 주고받은 문자 내역 등을 캡처해서 모두 프린트해 준비한 것들)을 형사 분 앞에 내밀었다. 주문자가 직접 작성한 주문 내역서와 내가 그 주소로 보낸 택배 운송장 번호가 있기 때문에 물건을 보냈다는 증빙은 되었다. 왜 그 여자가 전화로 주문을 하려고 했는지 알 것 같았다.

그러나 비회원이라 주민등록번호는 없고 이름과 주소만 있었는데, 이것이 허위인 경우에는 경찰에서도 찾을 방법이 없다고 했다. 다행히 실제 이름과 주소라 경찰청 사이버 수사대에서 접속한 시간대로 서버를 추적하여 찾아냈다.

"어? 이 사람 상습범이네…."

"상습범이요?"

"예, 지금 사기 건으로 여기저기 수배가 되어 있네요. 어이쿠, 한두 건이 아니네."

"아니, 어떻게… 아이가 둘이나 있는 젊은 엄마였는데…."

"사기꾼이, '나 사기꾼이요' 하고 써 붙이고 다니는 줄 아세요? 허허, 이런, 장사하시는 분이…."

형사 분께서 그 고객에게 전화해서 최후통첩을 했고, 이후에도 입금이 안 되면 그 고객이 있는 지역의 관할경찰서로 수사가 넘어가고 구속이 된다고 이야기했다. 그러나 그녀는 끝내 입금을 하지 않아 구속이 되었으며, 며칠 후 그녀의 아버지라는 사람에게서 물건값을 보내 줄 테니 합의서에 사인을 해 달라는 전화를 받았다. 너무도 당당해서 어이가 없었다. 뭐 그깟 일로 고소까지 했냐는 듯한 말투였다.

"어르신, 제가 뭐 잘못한 거 있나요? 저한테 먼저 사과라도 한 마디 하셔야 하는 거 아닌가요?"

"아, 그런가요? 내가 딸애한테 나오면 꼭 사과하라고 전하겠소이다."

참, 그 딸에 그 아버지란 생각이 들 정도로 염치없기는 매한가지였다. 합의해 주지 말까 하는 생각도 잠시 들었으나, 자신들이 뭘 잘못하고 있는지도 모르는 이런 정신이상자들에게 그게 무슨 의미가 있나 싶었다. 또한 이 일 때문에 더 이상 경찰서 드나드는 것으로 시간낭비하고 싶지도 않았다. 처음부터 합의금 받아 낼 생각도 없었고, 더 이상 할 말도 없고 해서 사인해서 팩스로 보내 주고는 그 사건은 그렇게 끝을 냈다.

그 후로 약 1개월 후 집으로 등기가 한 통 왔다. 관공서에서 온 듯한 봉투라 또 신랑이 주차위반을 했나 보다 하고 무심코 뜯었는데 지난 번 그 고소 건이 '불구속구공판'으로 판결이 났다는 내용이었다. 합의를 해 줬음에도 죄질이 나빠서 끝내는 형이 집행된 모양이었다.

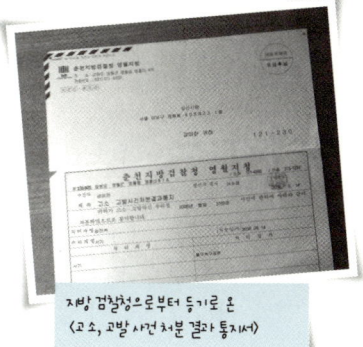

지방 검찰청으로부터 등기로 온
〈고소, 고발 사건 처분 결과 통지서〉

- 불구속구공판 : 사기범을 구속하지 않은 상태에서 공판(公判: 형사재판절차)에 회부해 정식 재판을 해서 그에 따른 죄과를 받게 하겠다는 의미(즉 사기범은 현재 범죄 사실이 인정되어서 재판에 회부되어 있고, 그에 따른 죄과를 받게 된다는 뜻).

나는 왕이로소이다

고소 건으로 경찰서를 왔다 갔다 하느라 동생이 그날은 배송을 혼자 도맡아 하게 되었다. 그런데 그 날따라 물량이 많아서 혼자 포장을 다 못하고 몇 박스를 못 보낸 모양이었다. 하는 수 없이 배송이 하루 지연되게 되었다고 내가 고객들에게 일일이 전화해서 연락을 드리고 마무리지었다.

그렇게 해결이 되었다고 생각했는데 뜬금없이 한 고객에게 전화가 왔다.

"오늘 보내 준다더니 왜 연락이 없죠?"

"예? 고객님, 오늘 제품이 발송되니 내일 받으시게 됩니다."

"어제는 전화해서 오늘 보내준다고 했잖아요?"

"그게 아니라 물건이 발송되면 보통 다음날 받으시는데요, 오늘 보내면 내일쯤 받으시게 됩니다. 오늘 받으신다는 게 아니라 오늘 발송된다는 얘기였습니다."

"무슨 소리예요? 오늘 보내준다고 했잖아요? 안 되면 퀵으로라도 보내야 하는 거 아니에요?"

"고객님, 오늘 받으시는 것이면 정상적으로 발송된 건데 제가 왜 굳이 어제 전화 드렸겠어요. 하루 지연된다고 전화드린 거예요. 불편 끼쳐드려 죄송합니다."

"아, 몰라. 당신이 오늘 보내준다고 했으니까 당장 퀵으로 보내!"

이 여자 정신이 좀 이상한 거 아닌가 싶었다. 전날 전화 통화할 때만 해도 급한 거 없다고 자기가 쓸 거라고 해 놓고서는, 서울 지역도 아니고 지방에서 주문한 거면서 2만 원대 제품 하나 시켜놓고 무조건 퀵으로 보내라고 억지를 써댔다. 그렇다면 방법은 한 가지. 환불이다.

"고객님, 죄송합니다. 그럼 환불해 드릴 수밖에 없겠네요. 계좌번호 알려주시면 입금해 드릴게요."

"어, 그게… 그냥 보내줘요. 할 수 없지 뭐."

"예, 고객님. 그럼 내일 받으실 수 있도록 오늘 발송하겠습니다. 배송 늦어져서 정말 죄송합니다."

"됐거든." (전화 끊어짐)

여기서 화가 머리끝까지 나 버렸다. 여태껏 4년이 넘도록 쇼핑몰하며 고객과 한 번도 싸워 본 적 없는 나였다. 설득이 안 먹히면 내가 조금 손해 보더라도 웬만하면 고객이 원하는 대로 해 주며 넘어갔다. 사실 이 정도 진상은 그렇게 새로울 것도 없는데 내가 왜 그랬을까? 당시 고객을 믿었다가 사기도 당해 이래저래 심적으로 약해져 있었던 모양이었다. 난 분을 참지 못하고 바로 그 고객에게 전화를 했다.

"이봐요! 나도 됐거든요, 계좌번호 불러 봐요. 환불해 줄 테니."

"허! 여기 장사 잘 되나 보네? 내가 송금하는 데 든 수수료까지 포함해서 1시간 내로 모두 보내."

"고객님! 아니지, 이제 고객도 아니니까. ×××씨, 타 은행으로 보낸 것도 아니면서 웬 수수료??"

K은행에서 K은행으로 보낸 건이었다. 통장 입금 내역을 볼 때 고객이 혹시 타 은행 입금으로 수수료를 물지 않았을까 하는 염려로 맨 끝에 보낸 지점을 확인하는 것이 습관처럼 되어 버려서 그 고객 건도 기억을 하고 있었던 것이다(일부러 기억할 필요는 없지만 꼼꼼해서 손

해 볼 건 없다).

 심한 욕까지 오가는 상황은 아니었지만, 반말과 존댓말을 묘하게 섞어 쓰며 사람 속을 뒤집는 진상 고객 특유의 말투에 정말 뒷목 잡고 쓰러질 뻔했다. 그러나 축구의 승부차기처럼 서로 주고받던 두뇌 게임(?)은 결국 나의 승리가 되었다. 기억력 부족으로 무안해진 고객은 순순히 계좌번호를 불러 주었고, 나도 빨리 잊어버리기 위해 곧바로 환불해 주고 끝냈던 사건이었다. 유치하지만, 말꼬리 잡고 늘어지기의 달인인 그녀의 승리가 되었다면 나는 며칠을 잠 못 이루고 분통해 했을 것 같다.

도매처를 알려 달라고요?

 지금은 좀 뜸해졌지만 한 달이면 두어 번은 꼭 이거 사려면 어디로 가야 하냐(도매처가 어디냐는 뜻이겠지?), 쇼핑몰 하고 싶은데 물건은 어디서 하는 거냐, 도매로 물건을 대줄 수 있느냐는 질문이나 전화를 종종 받는다. 가장 황당한 경우로 동종업을 하는 사람이 우리 제품을 사서 거래처를 알아보다가 못 찾아서 대놓고 어디서 하냐고 묻는 경우다. 그럴 때면 사실 어이없고 황당하지만 정중히 "그건 영업방침상 알려드릴 수 없습니다"라고 간단하게 말한다. 그런 일이야 정중히 거절하면 그만이지만 고객의 한계는 어디까지인지 생각하게 된다.

 쇼핑몰에 대해 크게 부풀려지고 대박신화가 아무 것도 아닌 양 되어버린 요즘, 성실하게 잘살고 있는 사람들 부추겨 누구나 쉽게 쇼핑몰을 운영할 수 있고 조금만 노력하면 큰돈을 버는 것처럼 생각하게 만든 매스컴과 실용서에 나도 일조를 하고 있는 건 아닌지 되돌아보게 된다. 이제는 정말 현실을 말해 주고 싶다.

한번은 아래와 같은 메일을 받고 한참을 고민했던 적이 있었다.

> 안녕하세요. 《액세서리 쇼핑몰》 책을 읽고 밀란케이를 알게 되었습니다. 궁금한 것도 많고 제가 앞으로 하려는 일이 강미란 대표님이 하시는 일과 일치하는 것이 많아서 실례인 줄 알지만 조언을 구하고 싶어서 글을 남깁니다. 이렇게 유명하신 분한테 메일을 보내기는 첨이어서 ㅎㅎ 정말 대단하시고 존경스럽네요 ^^. 제 인생에 있어서는 중요한 전환점의 시기라서 인생 선배라고 생각해 주시고 많이 바쁘시겠지만 인생 상담 부탁드립니다.
>
> 저는 나이는 30살이고 반도체 회사에 다니고 있는 김××라고 합니다. 3교대 근무를 하다 보니 평생직장으론 안 될 것 같아 평생 안정적으로 하고 싶은 일을 직업으로 삼고 싶어 무슨 일을 할지 고민 중에 있습니다. 아무래도 3교대 근무를 하다 보니 근무 시간이 일정하지 않아 재직자 훈련과정은 들을 수도 없고 회사 외에 다른 일은 할 수가 없어서 이번 11월말에 회사를 그만두려고 합니다. 그래서 일단 제 계획은 실업자 교육과정으로 직업전문학교에서 웹디자인을 배울 생각입니다. 비즈공예 자격증이 있어서 웹디자인을 배운 다음에 인터넷 쇼핑몰을 하려고 합니다.

(중략)

제가 대학을 안 나와서 내년에 학교를 갈까 하는데 사이버대학 보석비즈니스학과를 가려고 합니다. 대학에서 보석 디자인, 귀금속 공예, 주얼리 디자인 등을 배우면 제가 원하는 액세서리를 자유롭게 만들 수 있을까요? 쇼핑몰을 하려면 경영학과를 먼저 가고 보석공부는 학원을 다니는 게 나을까요? 대표님 보니깐 예전에 마케팅 일도 하셨던데. 초면에 너무 많은 얘기를 했네요. 책 보고 넘 감동하고 혼자 힘으로 어떻게 저런 많은 일을 하셨을까? 정말 대단하시고 저도 꼭 대표님처럼 되고 싶다는 생각을 하게 됐습니다.

긴 글 읽어 주셔서 감사하구요, 메일로 답변 부탁드립니다. 수고하시고 좋은 하루 보내세요~^^

▶ **답변**

김××님

저라면 직장을 다니면서 오픈마켓(지마켓이나 옥션, 인터파크 등)을 먼저 시작해 보라고 권해 드리고 싶습니다. 혹시라도 잘못된 판단으로 직장도 잃고 평생직장도 얻지 못할 수 있기 때문입니다.

(중략)

액세서리도 힘들지만 비즈 수공예 쇼핑몰은 돈 벌기 상당히 힘듭니다. 저희 역시 책까지 나오고 나름 유명해졌지만 역시 액세서리이기 때문에 성장에는 한계가 있습니다. 웹디자인은 배우시면 쇼핑몰 하시는 데 도움이 많이 됩니다. 그러나 보석공부를 하기 위해 학원까지 다니실 필요는 없을 듯합니다. 어차피 수박 겉핥기식일 테고 학원비도 많이 비쌉니다. 보석에 관한 책이나 인터넷 카페의 도움을 받으면서 차츰 공부해 나가시기 바랍니다. 다음 카페 중에 '내가게'라는 유명한 카페가 있습니다. 우리 같은 쇼핑몰 운영자들의 모임인데, 가입하시면 다른 사람들이 어떻게 사업을 시작했고 현실은 어떠한 문제점이 있는지, 이러한 문제점을 내가 이기고 해결할 수 있는지에 대해 많은 도움을 받을 것입니다.

그럼, 성공을 기원하겠습니다.^^

집으로 찾아온 청년

우리 집은 망원동에 2층으로 된, 마당이 있는 작은 단독주택의 1층이다. 주변은 커다란 빌라와 아파트들이 도시개발에 의해 하나둘씩 세련된 모습으로 바뀌고 있지만 주인아주머니가 고집스럽게 지키고 계신 예쁜 마당에 반해 들어오게 된 집이다. 마당은 아주머니가 사랑하는 감나무 세 그루와 앵두나무, 포도나무가 심어

각종 나무와 화분들로 가득한 마당 전경

져 있고, 고추와 깻잎, 상추들이 빼곡히 바닥을 메우고 있는 화단과 그밖에 이름 모를 화초들이 담긴 화분들로 발 디딜 공간이 없을 정도다.

나는 햇볕이 쏟아지는 맑은 날이면 집안의 이불들을 모두 거둬 내 마당의 빨랫줄에 널어놓는다. 오늘도 여느 날처럼 빨래를 널고 동생과 늦은 아침을 먹고 있었다.

"띵동~"

초인종 소리에 부스스한 얼굴로 일어난 나는 "택배 아저씬가 보다. 또 반품 온 건 아니겠지?!" 동생과 농담을 하며 누구냐고 묻지도 않고 대문 버튼을 눌렀다. 마당 가득한 화분들에 발이 걸려 당황하며 빨래들에 엉키기도 하면서 낯선 누군가가 다가오는 것이 보였다. 뿔테 안경을 쓴 수줍은 청년이 있다. 그는 겨우 몸을 추스르고는 물었다.

"여기가 밀란케이 맞나요?"

"예, 그런데요? 누구세요?"

"아, 저기… 목걸이랑 반지를 사려고 왔는데…."

"어, 어떻게 알고 찾아오셨어요?"

너무도 당혹스러웠다. 등 뒤에선 동생이 먹던 밥그릇을 치우느라 정신이 없었다. 무릎이 나온 잠옷바지에 3일은 못 감은 떡진 머리. 이렇게 폐인이 되어 가면서도 내 자신이 초라하다고 생각해 본 적이 없었는데 이날은 정말 쥐구멍에라도 들어가 버리고 싶었다. 동생 녀석은 의리 없게도 방으로 쏙 들어가 숨어 버렸고, 혼자 남은 나는 마지못해 청년에게 들어오라고 했다. 청년은 민망했는지 내내 방바닥만 쳐다보고 말을 했다.

"저기, 첫 페이지에 있는 가죽목걸이랑 반지를 사고 싶어서요. 친구가 유학을 가는데 저녁에 만나기로 했거든요. 꼭 그걸 사 주고 싶은데 내일 떠나기 때문에 시간이 없어 주소를 검색해서 찾아왔어요."

기특하게도 친구를 위해 이렇게 험한 길을 찾아온 청년이었다(우리 집은 웬만한 택배아저씨들도 잘 못 찾아 종종 헤매기도 하는 그런 위치다). 방문이 열리고 동생이 손만 쭉 내밀어 내게 제품을 건네주었다. 코미디언의 슬랩스틱 연기처럼 마당에서 엎치락뒤치락 했던 청년의 모습이 자꾸 생각나 웃음보가 터질 것 같았다. 나는 이것저것 주섬주섬 꺼내 이렇게 차는 것이라고 시범까지 보여주었고, 청년은 즐거워했다.

다행히도 고객 청년은 맘에 드는 목걸이와 반지를 손에 넣고는 다음엔 꼭! 인터넷으로 주문하겠노라고 약속하고는 입이 귀에 걸려 돌아갔다. 청년이 돌아가고야 동생이 방에서 나왔다.

"에효, 미나야, 언니 아침에 머리 감을 걸 그랬다."

"그러게."

이후로도 비슷하게 와이프의 생일 선물을 구입하러 방문하신 소방관 아저씨도 있었고, 근처까지 찾아와서 전화 주시는 바람에 다행히 우리의 요새(?)가 발각되지는 않았지만 우리가 나가 전달하는 방식으로 제품을 구입하신 분들도 꽤 있었다.

위의 일례들처럼, 우리 사이트만 보고는 오프라인 숍이 있거나 오피스텔(사무실)일 것이라 생각하고 찾아오겠다는 고객들이 종종 있다. 우리는 방문 구입은 불가하다고 정중히 말씀드리곤 하는데, 사실 그럴 때마다 오프라인 숍을 갖고 싶다는 생각도 든다. 상황이 이렇다 보니 대문에 밀란케이라는 상호 간판을 붙이는 건 어떻겠냐는 신랑의 의견도 있었고, 이참에 저렴한 오피스텔을 얻어서 나가자는 동생의 의견도 있었다. 그러나 고객이 드나들게 되다 보면 인력도 더 필요하고 매장 유지비와 기타 잡비가 지출되니 이익보다는 도리어 신경만 더 쓰이게 될 것 같아 일단 그 부분은 좀 더 신중히 결정해야 할 것 같다.

고객은 아이와 같다

고객 분들 중에는 적립금이 없는데도 후기 게시판에 글을 남겨 주거나, 착용사진까지 올려 주시는 분들이 종종 있다(그런 분들에게 죄송스럽고 고마운 마음에 최근 들어서야 뒤늦게 후기 적립금 제도를 실시하고 있다). 반품을 하게 되어 죄송하고, 흔쾌히 교환해 주어 고맙다며 쪽지와 함께 사탕이나 껌을 넣어 주시는 분들도 꽤 많고, 우연히 교환 온 제품에 고양이털이 붙어 있어서 서로 고양이를 키우는 것을 알게 된 고객 한 분은 고양이 간식 캔과 장난감을 보내 주시기도 했다.

그러나 반면에 우리가 진상이라고 부르는 고객들도 있다. 분명히 제품을 넣었는데 박스 안에 없다고 우기는 고객. 뭐 없다는데 뾰족한 증거도 없고, 우리 역시 수많은 상품 중에 다 기억이 날 리도 없고…. 이렇게 상황이 아리송할 때는 군말 없이 죄송하다고 말씀드리고 약간의 사은품과 함께 바로 포장해서 보내 드린다. 그러나 보낸 것이 확실한 경우(예를 들어 하나 남아 있던 것이라든지, 직접 만드는 데 시간이 오래 걸린 것이라든지) 적어도 그냥 보내 주지는 않는다. 양심이 있다면 조금이라도 뜨끔하게 하고 싶다.

"그날 나간 물건이 많지 않아 제가 직접 꺼내서 직원한테 주고 포장해서 넣는 것까지 봤기 때문에 없다고 하시니 좀 당혹스럽네요(이쯤 되면 전화통 건너편에서는 난리가 난다). 꺼내시다가 바닥에 떨어졌다거나 하실 수도 있으니 오늘 하루 다시 한 번 찾아보시고요. 못 찾으시면 내일 다시 전화주세요. 저희가 새로 보내드리겠습니다."(생각해보고 양심이 있으면 다시 전화하지 마세요!)

보통 이렇게 고객이 생각할 시간을 준다. 인간은 몇 분 사이에도 마음이 변하는 갈대 같은 존재다. 귀찮아서 안 할 수도 있지만 보통은 통화 후 '정말 그럴지도 몰라' 라는 생각에 그 사이 마음이 변하곤 한다. 나 역시 고객과의 통화 내용을 곱씹어 보고 다음 상황을 예상해 대처할 방안을 강구할 수 있는 시간이 생기는 것이다. 고객의 입장과 정해 놓은 원칙은 양팔저울과 같아서 어느 한쪽으로 치우치지 않도록 균형을 잘 유지해야 한다.

그리고 쉽진 않지만 때때로 이모 같은, 언니 같은 마음으로 한발 물러설 줄도 알아야 한다. 그들이 떼쓰고 억지 부리는 말들 하나하나에 신경을 곤두세우지 말고 철없는 자식쯤으로 생각하고 그들의 상처받은(?) 마음을 먼저 생각해 본다. 대부분의 고객은 그렇게 들어주는 것만으로도 스스로 화가 누그러지곤 하기 때문에 미리부터 방어자세가 되지 말고 우선 그들의 얘기를 들어 주려 노력하는 것이 좋다.

고객은 친구가 아니다

주로 주부들을 상대하는 아동복 사이트나 카페의 운영자들은 고객과 가깝게 지내며 사은품을 주거나 할인을 해 주고, 입소문 홍보를 부탁하기도 한다. 그래서인지 운영자를 편하게 생각한 고객은 에누리나 환불, 교환도 쉽게 요구하게 된다. 서로 좋은 관계일 때는 문제가 되지 않으나, 부득이하게 요구를 거절할 때엔 배신감을 느끼고 미련 없이 떠난다. 때문에 운영자는 울며 겨자 먹기로 고객의 요구를 들어줄 수밖에 없는 구조가 된다.

고객은 친구가 아니다. 일부러 딱딱하게 굴 필요는 없지만 어느 정도 거리를 두어야만 상대하기가 좀 더 수월하다. 고객 서비스에서 지킬 운영 방침은 분명히 원칙을 만들어 가이드라인이 허락하는 요청이면 아주 시원하게, 그 바깥이라면 정중하면서도 단호하게 거절하면 된다. 물건을 공짜로 주지 않는 것처럼, 원칙에도 없는 배송비를 일부러 내 줄 필요는 없다. 그 가이드라인 안에서 해결 가능한 것을 최선을 다해 해결해 주는 모습을 보이면 고객들도 대부분 이해를 해 준다.

그러나 문제는 그 외의 상식선을 벗어난 소수의 고객들이다. 일이 재밌고 만만하다 싶을 때쯤이면 어김없이 출현해서 연약한 이 운영자의 가슴에 스크래치를 남긴다. 충분히 들어주고 설명해도 말이 통하지 않는 벽창호가 있는 반면, 어떤 이는 고래고래 소리부터 지르면서 말할 틈도 주지 않는다. 그런 골치 아픈 사람들에게는 시간낭비를 할 필요가 없다. 그들이 원하는 것은 손해배상 청구도 아니고 물건을 공짜로 달라는 것도 아닌 환불이나 교환이다. 이런 사람들과는 싸울수록 손해이다. 시간을 끌수록 상태가 악화되므로 웬만하면 원하는 대로 바로 처리해 준다. 사실 뭔가 탐탁지 않지만 우리의 서비스를 기다리는 나머지 95% 이상의 정상적인 고객들을 위해 쿨하게 해 줘 버린다.

다음, 구매금액별로 플래티넘, 골드, 실버로 분류되는 우리 고객 등급란 중 맨 아래에 있는 "ZZR고객"(찌질이 고객의 약자임)이라는 등급을 부여하고, 그의 만행(?)을 구체적인 코멘트로 달아 내 나름의 소심한 복수를 한다. 그리고 잊어버린다. 끝!

part
08

쇼핑몰의 딜레마 극복하기

새는 바가지를 막을까, 더 퍼다 나를까

 수익을 올리려면 현재보다 더 벌거나, 더 벌기 힘들다면 반대로 지출을 줄여야 한다. 신랑과 늘 실랑이를 하는 부분이 있는데, 내가 이번 달은 이래저래 적자이니 다음 달부터는 좀 아껴야겠다고 하면 신랑은 줄일 게 아니라 더 벌면 된다고 한다. 그러나 다음 달에 수금이 늦어지거나 생각지 못했던 지출이 생겨 오히려 적자가 되기도 한다.

 여자들은 공감할 것이다. 보너스나 성과급이 있는 달도 있지만 대부분 신랑들이 벌어 오는 수입은 늘 일정한 수준이다. 그렇기에 오히려 얼마를 아끼느냐에 따라 그 달은 적자일 수도 있고 흑자일 수도 있다. 자영업자는 좀 다르지 않냐고 반문할지 모르겠지만, 사실 사업이란 것이 더 많은 수익을 올리기 위해서는 그만큼의 투자와 위험부담을 감수해야만 하며, 그에 따르는 인건비와 세율도 달라지는 것이라 때로는 매출은 늘었는데 이익율이 줄어드는 경우도 허다하다. '흑자부도'라 하며 한참 잘 나가는 기업이 허망하게 무너져 버리는 것이 바로 그러한 경우다.

  요즘엔 직원부터 들여서 각 요소에 배치하고 시작부터 사업을 크게 확장하는 곳들도 많다. 그러나 대부분은 빚만 크게 지고 얼마 지나지 않아 사이트를 닫게 된다. 살아남아 있는 곳들은 정말 소수이다. 나와 비슷한 시기에 출발해서 잘 운영하고 있는 쇼핑몰들, 그리고 새로이 야심차게 치고 올라오는 신생 쇼핑몰들을 즐겨찾기를 해 놓고 가끔씩 둘러보며 자극을 받곤 하는데, 요즘처럼 경기가 안 좋은 시기에는 절반 이상의 사이트가 열리지 않는다.

  매달 직원들 인건비, 임대료, 사업과 제작비, 광고비 등으로 천만 원 이상 쓰고 있다고 가정해 보자. 매출이 좀 저조해서 몇 달을 지지부진하게 되면 누적 적자액이 수천에 달한다. 버티면 어떻게든 수가 나겠지 하고 1년을 어영부영 끌다가는 금세 억소리 나는 빚이 생겨 버린다는 말이다. 고정지출이란 것이 그렇게 무서운 것이다. 내로라 하는 큰 기업들도 경기가 어려울수록 사업을 확장하기보다는 내실을 다지는 데 중점을 둔다(주부들도 신문의 경제면에 관심을 가집시다!). 그들은 직원들이 사용하는 전기나 화장지의 칸수까지 그냥 넘어가지 않는다.

  그것은 우리가 매출보다는 순이익에 초점을 맞춰야 하는 이유이기도 하다. 깨져서 물이 줄줄 새는 바가지로 수백 번을 퍼다 날라 봤자 항아리를 채우기도 전에 기진맥진해서 쓰러질 것이다. 그러나 바가지를 꼼꼼히 메우고 나면 여유 있게 퍼다 날라도 항아리는 금방 물이 찬다. 간단한 이치인데 새는 돈을 잡을 생각은 않고, 들이 붓는

데에만 열중한다. 그러다 보면 아이의 분유 값이라도 벌기 위해 시작한 소박한 돈벌이는 빚과 엄청난 재고더미, 그리고 바닥난 건강만 남기고 끝나게 된다.

액세서리 쇼핑몰로서 전문적으로 뿌리를 내리고 싶다면 불필요한 지출을 최대한 줄여야 한다. 뒷장에서 더 설명하겠지만 액세서리란 아이템 자체는 시장이 크지 않다. 일반적으로 단가도 저렴할 뿐더러 살아가는 데 필수품도 아니어서 경기가 어렵다는 말이 나오면 휘청하기도 하고 시즌도 많이 탄다. 따라서 수입을 늘리는 첫 번째 과제는 투자가 아니다. 불필요하게 새고 있는 지출을 찾고 시스템적으로 교정하는 일이다.

지출증빙, 갖출까, 말까

인터넷 쇼핑몰의 결제수단은 신용카드와 무통장입금이 대부분이다(간혹 직접 찾아오는 분들도 있기는 하지만 아주 드문 경우이다). 현금으로 직접 받지 않는 장사다 보니 매출은 100% 증빙이 남는다. 내가 번 것이니 당연히 세금은 내야 하지만, 문제는 우리 역시 지출을 증빙하지 않으면 억울하게 많은 세금을 낼 수밖에 없다는 것이다. 특히나 가장 큰 비중을 차지하고 있는 사입비용은 모두 현금이다. 요청하면 간이영수증은 써 주지만, 10%의 부가세를 별도로 지불해야만 세금계산서를 발행해 준다(이 부분에서 재미없다거나 혹은 지루하다는 생각에 다음 장으로 막 넘어가시려는 독자님!! 조금만 참고 읽어 주세요. 굉장히 중요한 부분이니니까요).

나와 절친한 친구가 둘 있는데 아이를 낳고 육아를 하느라 몇 년 동안을 집에만 있던 주부였다. 결혼 전에는 누구보다도 활발하게 사회생활을 하던 유능한 커리어우먼이던 애들이 집에서만 몇 년씩 있으니 너무나 답답했던 모양이었다. 그 중 하나는 '어느 베란다에 목을 멜까?' 고민도 했다며 뒤늦게 우울증을 털어놓기도 했다. 친구들은 내가 집에서 일을 하고 있는 것을 부러워했고 가끔씩 여전히 잘하고 있는지, 얼마나 버는지 묻기도 하며 관심을 보였다. 오지랖 넓기로 둘째가라면 서러운 나는 이 친구들이 안타까웠다. 친한 친구라 대놓고 도와달라고 말하지 못하는 것 같아서 더욱 그랬다.

그래서 그들을 부추겨 다시 일을 하도록 등 떠밀기로 했다. 그렇게 한 친구는 온라인 돌 답례품을 시작했고, 다른 한 친구는 오프라인 팬시전문점을 시작했다. 워낙 일 잘하던 녀석들이라 예상대로 둘 다 아주 잘해내고 있었기에 나는 대신 세무 부분에 대해 많이 강조했다. 그런데 친구들은 별로 관심을 갖지 않는 듯 보였다.

그 후로 몇 달 후. 친구들에게 전화가 왔다.

친구 ❶

"미란아, 어떡하지? 지금 세무사 사무실 와 있는데 세금계산서 없다고 세금 진짜 많이 나왔어."

"너 일반과세자는 웬만하면 영수증 다 챙기고, 돈 더 주더라도 세금계산서 꼭 받아둬야 한다고 했잖아?"

"아, 몰라 몰라. 거래처에도 전화했는데 다 마감했다고 안 끊어준대."

"매달 말에 미리미리 받아둬야지. 날짜 다 돼서 1년치 끊어 달라면 누가 끊어 주냐? 으이그, 인간아!"

"어디 자료 살 만한 데 없을까?"

"얘가 큰일 날 소리 하네. 너 그게 얼마나 위험한 줄 알고 하는 소리야? 자료 잘 못 샀다간 세금보다 무서운 벌금 폭탄 맞는 수가 있어."(※이 친구는 울며 겨자 먹기로 몇 백만 원을 부가세로 다 토해 냈다고 한다).

친구 ❷

"어흑, 세금 장난 아니야. 세금 아끼려고 세무사 쓴 건데 1년이면 170만 원이니. 차라리 세금으로 갖다 내고 말지. 이건 뭐 세무사 사무실에 주는 돈이나 세금이나 그게 그거 같아."

"매달 기장하는 거 좀 아깝겠지만 우선은 사업 초기라서 네가 모르고 넘어가는 게 많을 거야. 1년만 기장 맡기고 나중에 돌아가는 거 훤히 보일 때, 네가 영수증 정리하고 기장해서 부가세 때랑 종소세 때만 세무사 사무실에 조정료 주고 맡기면 돼."

"그럼 너는 기장 네가 직접 해?"

"처음엔 간이과세자여서 부가세는 인터넷으로 국세청 사이트에 들어가서 간단히 신고했고, 종소세는 영수증 내역을 간편장부로 입력해서 세무서 가서 신고했는데 별로 어렵지는 않더라고. 지금은 신경 쓸 게 많아서 그냥 일 년에 3번 신고할 때만 세무사 사무실에 맡겨서 하지만 그래도 영수증 정리는 내가 해서 갖다 줘야 해."

"오, 그래? 나도 내년부터는 내가 정리해서 보내야겠다. 그렇게만 해도 매달 11만 원씩 세무사 주던 것 줄일 수 있겠다. 참, 이번에 세금계산서는 다 받았어? 완전 골치 아파. 부가세 10% 돈 주겠다는데 왜 안 끊어 줘??"

"그 사람들 종소세 덜 내려고 그러는 거지. 매출 올라가면 세율도 올라가니깐. 우리만 골탕 먹는 거지 뭐."(※이 친구는 대형쇼핑센터에 입점하고 있는 수수료 매장이다. 오프라인이더라도 중앙에서 고객이 결제한 금액에서 수수료를 뗀 나머지를 매월 쇼핑센터로부터 입금 받는 형식이라 100% 매출이 노출되는 구조다).

앞으로 어떻게 보완된 법이 시행될지는 모르겠으나, 아직까지는 동대문, 남대문 상인으로부터 100% 세금계산서를 받기란 현실적으로 불가능하다. 그나마 자주 가는 주 거래처는 10% 부가세를 주면 보통은 세금계산서를 끊어 주는데, 거래금액이 많지 않은 거래처와 몇몇 간 큰 거래처는 자료가 없다며 단박에 거절을 한다(그들 역시 거래처인 공장이나 원 재료상들이 세금계산서를 안 끊어 주기 때문에 자료를 맞추기 힘들다고는 한다). 국세청에서는 이런 병폐를 막기 위해서 세금계산서를 안 끊어 주는 곳을 신고, 포상하는 제도를 만들었지만, 장사를 그만둘 것이 아니라면 어느 누가 자신의 거래처를 신고하겠는가? 누가 고양이 목에 방울을 달 것인가?

부가세는 그렇다 치고, 종합소득세 때 증빙으로 쓸 수 있는 일반 (간이)영수증은 상호와 사업자번호, 대표자의 도장이 찍혀 있어야 증빙자료로 사용이 가능하다. 그러나 대부분의 도매상인들은 물건만 건네주고 영수증은 아예 안 주거나 "언니, 장끼(영수증) 적어 주세요!"라고 말해야만 겨우 (상호도 안 적힌) 간이영수증에 구입한 금액만 대충 휘갈겨서 준다. 이럴 경우 나는 "여기 도장도 찍어 주세요." 하며 다시 들이민다. 그러면 못마땅하다는 듯 서랍에서 고무인을 꺼내 찍어 준다.

이런 일반 영수증도 3만 원까지만 증빙자료로서 효력이 있는 것이라, 구입금액이 3만 원이 넘으면 여러 장으로 끊어서 받아야 하는데 이것도 상당히 껄끄럽다. 보통 한 매장당 10~50만 원 정도 구입하게 되는데, 그럴 경우 영수증을 수십 장을 받아야 하는 것이다. 물론 그렇게 수십 장을 주는 곳도 있지만, 대부분 번거롭고 미안하기도 해서 그냥 한 장짜리로 받고 마는 경우가 숱하다(이 경우 증빙은 가능하나 가산세를 내야 된다). 그럼에도 우리는 100% 매출을 신고해야만 하기에 악착같이 지출을 증빙할 영수증을 받아야 한다. 그것도 적법하게 갖추어진 것으로.

내가 인터넷 쇼핑몰을 주로 이용하여 포장부자재며, 비품들을 구입하는 이유는 세금계산서 받기가 편해서이다. 카드매출전표도 그대로 부가세 증빙자료로 쓸 수 있기 때문에 오프라인을 이용할 때에도 현금보다는 카드를 주로 사용해서 결제한다. 집전화, 핸드폰 요금 고지서도 세금계산서 역할을 할 수 있도록 전화국에 요청한다(내 사업자

번호가 고지서의 공급 받는 자에 기재되어 있어야 부가세 증빙용으로 사용할 수 있다).

법이 개정되어 카드명세서도 세금계산서와 같은 역할을 할 수 있기 때문에 사업경비와 관련된 명세서는 꼼꼼히 챙기자(단 명세서에 공급 받는 자 명에 자신의 상호와 사업자 번호가 적혀 나와야 한다. 그래서 주로 인터넷 대형 사이트에서 구입을 하고 세금계산서 신청하기로 명세서를 다운받아 둔다).

이렇게 노력을 해도 증빙용 자료를 맞추기에는 턱없이 모자라다. 결국 마진을 책정할 때 이 세금 부분을 감안하여 금액을 책정하는 수밖에 없다. 가격을 올리면 고객이 다 떠날 것 같아 어쩔 수 없이 싸게 팔 수밖에 없다고 생각하지 마라. 인터넷 장사는 많이 파는 것보다는 적게 팔더라도 많이 남는 게 장땡이다.

결론은…,

> 1. 적법하게 갖추어진 것으로 영수증, 세금계산서 확보하기
> 2. 세금을 염두에 두고 제품가 책정하기

광고비, 쓸까, 말까

밀란케이는 쇼핑몰을 창업하고 나서 2년 동안은 유료광고를 하지 않았다. 오픈마켓 위주로 구매가 이어지고 있어서기도 했지만 당시는 부정클릭과 기타 유료광고의 단점들이 두드러지던 때라 광고에 돈을 쓸 생각조차 해보지 않았다. 대신 카페와 블로그 등에 하는 노가다 홍보를 매일 5개 이상 올리는 것을 목표로 꾸준히 실천해 왔다.

오픈마켓은 판매를 위한 곳이기도 했지만 더불어 홍보를 위한 수

단으로 이용했다. 상세페이지 안에 대놓고 홈페이지 주소를 적지는 않지만 독립된 홈페이지가 있다는 것을 예상할 수 있는 여지를 남겨놓는다. 전화상담 시에도 자체 사이트가 있고 더 저렴하다고 귀띔을 한다. 그렇게 실제로 오픈마켓을 통해 밀란케이를 방문하는 고객들이 많으며 대다수 단골이 되었다.

그 후 쇼핑몰들이 우후죽순처럼 생겨나고 경쟁이 심화되면서 고객들에게 노출될 수 있는 확률이 점점 희박해져 갔다. 쇼핑몰을 더 알리고 활성화하기 위해서는 이런 소극적인 방법만으로는 부족하다는 것을 느끼다가, 2년이 지나고 나서야 비로소 유료광고라는 것을 조금씩 하기 시작했다.

30대 주부 쇼핑몰의 상대적인 약점은 마케팅의 부재라고 한다. 노가다 홍보와 입소문에만 의존하고 유료광고에 대한 부담을 크게 갖고 있다는 것이다. 물건을 사입하는 것처럼 표나게 드러나는 것이 아니다 보니, 나 역시 광고를 집행하게 되기까지 많은 망설임의 시간을 보냈다. 참으로 아이러니한 것은 내가 전직 홍보 담당자였다는 것이다.

사실 인터넷 쇼핑몰의 홍보는 오프라인과 제휴 위주로 진행되는 브랜드 마케팅과는 많이 다르긴 하다. 마케팅부서에 속해 있긴 했지만 각종 제휴와 협력업체 부분은 따로 담당하시는 과장님이 계셨고, 내 직책은 VMD · 홍보였는데 대외적으로 선보일 브랜드의 비주얼적인 컨셉을 담당하는 것이 주된 일이었다. 잡지에 실릴 사진촬영 컨셉과 기사 문구 만들기, 매장 디스플레이, VIP 고객행사에서부터 그에 따르는 DM, POP, 각종 현수막이나 출력물 디자인, 때로는 직원들의 이름표나 의자커버 디자인까지 '눈에 보이는 것은 모~두'. 그리고 그 부분의 예산안과 계획 또한 내 몫이었기에 마케팅의 마짜도 모르는 내가 매달 윗분들과 담판을 해야 했다.

예전 회사에서 새로운 브랜드를 론칭하고 집중적으로 광고를 진행하던 때였다. 당시 사장님은 광고를 위해 목돈이 들어가는 것을 굉장히 아까워하셨다. 그도 그럴 것이, 그 회사는 가격 대비 좋은 품질과 디자인만으로 강남의 부유층 부인들에게 입소문이 나면서 오랜 세월에 걸쳐 서서히 성장한 중견회사였다. 그렇게 큰돈을 들이지 않고도 탄탄하게 성장했기에 사장님 입장에서 광고비란 이해하기 어렵고 못마땅한 지출일 수밖에 없었을 것이다.

그러나 승승장구로 커 가던 회사가 어느 때부터인가 정체기에 접어들었다. 늦게 출발한 후발주자 회사들이 대외적인 마케팅과 자본력으로 성큼성큼 따라잡기 시작한 것이었다. 회사는 더 이상 전통적인 방법인 입소문에만 의존해 성장할 수가 없었다. 그것을 넘어서 위한 새로운 브랜드의 론칭과 대대적인 홍보가 필요한 시점이 온 것이었다.

그러나 사장님은 입버릇처럼 '돈으로 해결할 것이었으면 마케팅 부서가 왜 필요하냐' 하시며 돈 안 드는 방법을 찾으라고 항상 강조하셨고, 광고 집행 후 일주일만 지나도 벌써 초조한 기색이 역력하셨다.

"자네, 이거 꼭 매달 이렇게 진행해야 하는가?"

"사장님, 광고라는 것이 은행이자처럼 이번 달 300짜리 광고해서 다음달 3000 벌고… 그런 게 아니예요. 고객들이 우리의 새 브랜드를 인지할 때까지 '최소한 1년은 쏟아 붓겠다' 생각하고 목표를 밀고 나가셔야 해요. ×××가 high브랜드로 자리가 잡히면, 그 다음에는 시키지 않아도 우리 고객들이 친구나 가족, 지인들에게 입소문을 퍼뜨리게 되는 거구요."

"그럼, 격월로 진행하는 건 어떤가?"

"비행기가 있는데 버스타고 부산가실 거예요? 빨리 가시길 원하시면 승차권이 비싸도 비행기 타는 게 낫잖아요. 이렇게 큰 회사에서 매월 고정 지출이 수억인데, 그렇게 1~2년 더 늦어지면 몇백 아끼려다가 몇십 억 손해나요."

나는 매월 초, 다음 달도 광고를 계속 집행하기 위해서는 사장님을 설득해야만 했다. 설득으로도 안 되면 (마치 엄마에게 용돈을 타내기 위해서 조르는 고집 센 아이처럼) 사표를 운운하며 버티기도 했다. 그런데 그렇게도 "광고비가 노출을 좌우하고 노출이 판매를 좌우한다"고 부르짖던 내가, 정작 내 사업(?)에서는 몇십만 원도 아까운 간 작은 사장이 되었다(인간은 그렇게 간사한 동물인가 보다. 이제는 예전 사장님의 입장이 이해가 되고도 남으니 말이다).

요즘은 사입비 다음으로 큰 비중을 차지하는 지출이 홍보비인 만큼, 자본이 넉넉한 쇼핑몰이더라도 유료광고에 대해서는 신중할 수밖에 없다. 우리 쇼핑몰은 관련 키워드를 뽑은 후 네이버의 클릭초이스 같은 CPC 광고를 돌려 테스트를 우선한다. 그리고 클릭당 금액을 고정 광고비와 비교해 효율성을 따져서 알짜 키워드를 선별한다. 그 키워드란, 이를테면 우리 쇼핑몰과 맞아 떨어지는 키워드인데 상대적으로 다른 쇼핑몰들은 많이 안 찾는 키워드로, 고정으로 했을 경우 광고비가 CPC(클릭당 과금)에 비해 상대적으로 저렴한 것들이다.

액세서리나 귀고리, 목걸이 등과 같은 굵직한 키워드는 유입량은 높을지언정, 가격도 비싸고 구매전환율이 좋지 않다는 것은 쇼핑몰의 운영자라면 대부분 잘 알고 있다. 그럼에도 자리가 나지 않을 만큼 경쟁이 치열하다. 이유가 궁금하지 않은가? 그것은 구매전환율은 높지 않겠지만 단기간 많은 고객을 끌어들이는 홍보수단 역할을 톡톡히 하기 때문이다. 이런 키워드는 방문자가 적은 창업초창기일 경우 자신의 쇼핑몰 완성도에 자신이 있다면 과감히 단행해도 손해 될 것이 없다. 아마도 수개월간은 방문자만 바글바글하고 구매율은 실망스러울 것이다. 그러나 그 이후 계단과 같은 상승효과를 보게 된다. 오프라인과는 사뭇 다른 것이, 온라인 고객은 방문한 첫날 바로 구매하기보다는 일단 쇼핑몰의 스타일이 마음에 들면 즐겨찾기로 저장해 놓고 가끔씩 들르며 찬찬히 뜯어 본 후 비로소 지갑을 열게 되는 특성이 있기 때문이다.

우리 역시 (크리스마스나 발렌타인 데이 같은 특별히 날짜로 지정된 성수기를 제외하고는) 광고를 늘려도 매출이 바로 늘지 않고 3~4일 혹은 일주일 정도 시간이 지난 후 갑자기 매출에 표가 나기 시작한다. 새로 유입된 고객들은 우리 쇼핑몰에 대해 확신이 설 때까지 찬찬히 살펴보는 기간을 갖는다는 것을 알기에 불안해하거나 하루 이틀 사이에 키워드를 내려 버리는 우를 범하지 않는다.

 모험을 좋아하지 않는 나는 광고 진행 초기에는 한동안 상대적으로 가격이 저렴한 세부키워드에만 목숨을 걸었다. 광고비는 쇼핑몰 매출의 5% 내외의 선을 지켜 가며 금액이 오버될 때는 다음 달을 기약하곤 했다. 그러던 중 작년부터는 좀 굵직한 키워드에도 용기를 내어 도전(?)을 했다. 물론 네이버에 비해 비교적 금액이 저렴한 다음이나 구글을 이용한 접근이다. 세부 키워드로 유입되는 방문자 수는 늘 비슷한 수준이라서 가끔씩 방문자 수를 늘려야 할 성수기 시즌을 앞두고 이 굵직한 키워드와 함께 계획적으로 진행하면 예상 외의 좋은 결과를 볼 수 있다.

 우리 쇼핑몰에 유입되는 방문자 수 통계를 보면 키워드 인기순위 1위는 '밀란케이' 라는 키워드이며, 북마크나 직접 입력의 비율이 평균 70% 이상이다. 이 수치는 우리 쇼핑몰에 접속하는 대부분의 고객이 유료광고가 아닌 어딘가에서 밀란케이를 알게 되어 주소창에 직접 입력해서 들어오거나 검색해서 들어오고, 즐겨찾기를 통해 들어온다는 말이 된다. 그 외 하루 10건 내외이기는 하지만 아직도 2005년도에 올렸던 지식인 답글 페이지로부터 들어오는 고객들도 있다. 노가다 광고를 할 수 있는 빈틈은 항상 있다. 지금도 유료광고와 더불어 무료로 가능한 홍보를 겸해서 진행하고 있으며, 매주 유입량을 체크해 데이터화하고 있다.

 이건 뭐 광고비를 쓰라는 건지 말라는 건지 헷갈리실까 봐 부연

설명을 좀 더 하겠다. 살림하는 것과 마찬가지라고 생각해 보자. 우리는 전기세를 아끼기 위해 자기 전에 쓰지 않는 코드의 선을 뽑고 기름값을 아끼기 위해 대중교통을 이용한다. 그러나 그렇게 개미처럼 아끼고 모아 통장에 쌓는 것만으로는 부자가 될 수 없다는 것을 잘 안다. 위험부담을 안고 가는 것이 싫어서, 또는 복잡하고 어렵다는 이유로 단순히 뼈 빠지게 모아 저축하는 사람들이 있는 반면, 모은 종잣돈으로 대출을 끼고 땅을 사거나 CMA나 주식과 같은 것으로 재테크를 하는 사람들도 있다. 작은 실패를 경험하기도 하고 주식으로 재산을 탕진하는 사람도 있다.

홍보도 마찬가지이다. 아무데나 돈을 들이 부으란 말이 아니다. 처음엔 모두가 초보일 테니 내가 할 수 있는 부분부터 시작하고 푼돈이라도 아껴야 하며, 쇼핑몰에 요령이 붙고 광고비 운용에 대한 개념이 생기면 약간의 부담감이 생기더라도 조금씩 투자를 해야만 한다(정말 돈을 써야 할 때를 잘 선별해야 한다는 말이다).

비싼 키워드지만 내 쇼핑몰과 잘 부합되는 키워드라면 눈 여겨 보았다가 꼭 구입한다. 찜해 놓은 키워드의 구입 가능 날짜를 달력에 표시해 놓고 남들보다 발 빠르게 낚아채야 한다. 건망증이 심해서 몇 번 놓친 적이 있는 나는, 구입 가능 시간 10분 전에 알람까지 해 놓고 대기한다. 초기에는 위험부담이 없는 지식인 노가다 홍보로 시작을 했다가 상업 글이 금지되면서, 홍보의 수단으로 블로그를 3개 운영하고 있으며 패션 관련 카페 활동도 꾸준히 하고 있다.

쇼핑몰의 성공열쇠는 홍보에 있다고 해도 과언이 아니다. 나는 몇 년 전만 해도 누가 키워드니 CPC니 하면 '아이고 머리 아프다…'라고 생각하고 듣질 않았다. 그러나 광고는 쇼핑몰로 성공하고 싶다면 결코 포기해서는 안 되는 수학과 같은 과목이다.

돈을 벌까, 시간을 벌까

주위를 둘러보면 활발하게 자신의 분야에서 왕성하게 재능을 펼치고 있는 주부들을 적지 않게 보게 된다. 옛날 부모님 세대처럼 결혼과 함께 전업주부가 되는 경우보다는 거창한 전문직이 아니더라도 맞벌이를 하는 부부들이 확실히 많아졌다. 나 또한 결혼을 하더라도 일을 계속할 것이란 생각에는 변함이 없었고, 결혼을 해도 한 남자의 아내로 엄마로서의 의무가 늘어난다는 것을 크게 염두에 두지 않았다. 그것은 여자가 아기를 낳거나 남자가 군대를 가는 것처럼 남들도 다 하는 일이라고 가볍게 생각했다.

그러나 워킹맘이 된다는 것은 전업주부가 되어 집안일을 할 것이냐, 커리어우먼으로서 계속 일을 할 것이냐의 둘 중 하나의 선택이 아니었다. 그것은 일하는 사람에게 전업주부의 역할이 덤으로 더해지는 삶이었다. 즉 일하는 엄마, '일+엄마'의 삶이었다.

푸름이의 백일, 돌 사진을 찍을 스튜디오를 알아보던 때였다. 매일 같이 쇼핑몰에 올릴 제품사진을 찍는 일을 하기 때문에 사진만큼은 나름 까다로운 엄마였기에 웬만한(?) 스튜디오보다는 그래도 감각 있는 포토그래퍼이길 바랐다. 비싸고 사진 잘 찍는 스튜디오는 많지만 '××표 사진이구만' 할 정도로 획일적이고 개성이 없었다.

마치 놀이동산에서 볼 수 있는 대형 그림판에 얼굴 부분만 파내어 기념사진을 찍을 수 있게 만들어 놓은 판넬이나, 연예인들이 포토존에서 찍은 듯한 판에 박힌 느낌이 싫었다.

그렇게 나름 고심 끝에 찾은 스튜디오가 하나 있었는데 아기뿐 아니라 부모가 아기를 갖고 산고를 겪는 부분까지 스토리처럼 감동적이게 엮은 사진들이 따뜻하면서도 강렬했다. 게다가 유명 아나운서, 연예인의 아기들을 많이 찍는 것으로 보아 상당한 마케팅력도 가진 곳이라 생각했다. 그런데 막상 찾아간 스튜디오는 복층 구조의 상당히 아담한 곳이었으며, 사장님은 들고 있는 카메라가 버거워 보일 정도로 작고 가냘픈 아가씨였다.

그러나 설마 스탭이겠지? 했던 그분은 나보다도 한 살 위인(73년생) 동안의 주부였다. 게다가 개구쟁이 초등생 두 아들을 둔 학부형이라 했다. 나는 아이 키우는 엄마로 동병상련의 동질감 때문이었는지 사진 찍는 내내 인터뷰하듯 질문을 쏟아 냈다. 집에 일하시는 이모님(가사 도우미 분)을 한 분 두고 있는데 얼마 전 아이가 뜨거운 솥을 엎어 아이와 이모님 모두 크게 화상을 입었단다. 그렇게 이모님도 나오시지 못하는 상황에서 아이들이며 집안일이며 정신없는 상황에 이렇게까지 해서 일을 해야 하나 생각이 들더란다.

예전에 쇼핑몰 운영자들의 모임 카페에서 아동복 쇼핑몰을 운영한다는 젊은 엄마의 글을 본 적이 있다. 집안일과 병행하며 악착같이 노력한 끝에 현재 월 300만 원 이상의 소득이 발생하는데, 둘째를 임신하게 된 데다가 심신이 많이 지쳐서 결국 가사도우미를 부르게 되었단다. 그런데 아주머니 월 100만 원 드리고, 큰아이 유치원비에 각종 학원비 내고 나면 150만 원 건지기도 어렵다는 것이었다. 거기다가 둘째가 태어나면 아이를 맡아 줄 아주머니를 또 구해야 하기 때문에 결국 밤낮없이 고생해서 수중에 쥘 수 있는 돈은 고작 몇 푼 안 되는 것이라 차라리 그만두고 아이들이라도 잘 키워야겠다는 안타까운 이야기를 했다.

얼마 전 신문에서 아들의 유학문제로 인기리에 진행하던 프로그램을 중도 하차하게 된 백지연 아나운서의 기사도 봤다. 프로페셔널한 공인조차도 자식의 문제가 걸리면 자신이 양보할 수밖에 없는 것이 여자의 모성인 것 같다.

가사도우미가 이혼보다 싸다?

드라마 속의, 혹은 옆집의 누구누구 신랑은 아기도 봐 주고 아침밥도 종종 해 놓고 나간다더라. 그런데 이 집은 신랑이 전혀 도와주지 않는가 보다 생각할지 모르겠다. 음, 그렇다. 신랑 본인은 자신이 집안일을 굉장히 많이 도와주고 있다고 생각하겠지만, 내가 본 우리 신랑은 평일은 불규칙한 업무로 자정이 넘어 들어올 때가 더 많고, 주말에는 조기축구며, 야구며 또 다른 비즈니스로 늘 바쁜 사람이다(나도 확! 애고 살림이고 다 놔두고, 취미생활도 하고 친구들도 만나러 다니고 싶다!).

그러던 어느 날. 여느 때처럼 무심코 메일을 확인하는데 내 눈길을 사로잡는 문구가 있었다. '가사도우미가 이혼보다 싸다'라는 제목의 메일이었다. 클릭을 하고 확인한 내용인즉, 어느 포털사이트의 가사도우미 서비스로 '남편과 가사분담으로 다투지 말고 현명하게 가사도우미 서비스를 이용하라'는 광고였다.

어릴 적 파출부 또는 식모를 부리는 집은 두말이 필요 없는 부잣집의 대명사였다. 친구나 선배들 중에도 주 3회 또는 입주 도우미를 쓰는 사람들까지 있지만 다들 시집을 잘 갔나 보다 생각했다. 여자에게 가사는 당연한 몫이었고 의무였던 시대의 과도기 세대인 나는, 남에게 집안일을 맡긴다는 것은 사치라고 생각했다. 엄마도, 할머니도 해 왔던 일이고 나도 엄마가 되면 당연히 하게 될 일이라고 생각했으니까.

그러나 사랑해서 결혼했는데도 살다 보니 정말 이혼이란 말이 목구멍까지 올라올 때가 있다. 뱀이 허물 벗듯 몸만 빠져나간 파자마며 양말들…. 대놓고 불평을 하지는 않지만 늘 입을 게 없다, 먹을 게 없다는 말을 습관처럼 할 때마다 신랑은 너무나 얄미운 존재이다.

"내가 주방아줌마냐."

실제로 아이를 챙기고 집안 살림을 하다 보면 정작 쇼핑몰 일을 할 수 있는 시간은 뒷전이 되어 버린다. 엄마의 손길이 닿지 않은 집은 하루도 못가서 태풍이 불어 닥친 집안 꼴이 되어 버리니 외면할 수가 없다. 아이러니하게도 양쪽 모두 일손이 필요하긴 한데 쇼핑몰 일을 돕기 위한 직원은 뽑을지언정, 가사를 도와줄 사

태풍이 불어닥친 듯한 주부의 일상

람을 구해 볼 생각은 전혀 해보질 못했다(나는 육아를 할 시간을 벌기 위해 동생을 쇼핑몰 직원으로 들인 경우인 셈이다). 그런 내가 '이혼보다 낫다'라는 강한 문구에 필(feel)을 받았다. '이혼보다 낫다… 오호, 그것 참…'

내 입가엔 음흉한 미소가 번졌다. 뭔가 이 딜레마를 풀 수 있는 실마리가 보이는 것 같았다. 그럼에도 나는 쉽게 결정하지 못하고 며칠을 고심하다가 조심스럽게 주 1일 와서 대청소를 해 주시는 도우미 분의 도움을 받기로 결정했다. 주 1회의 도움으로는 살림이란 것이 턱없이 부족하지만, 그간 못한 이불빨래며, 방안 구석구석 물걸레로 닦아내는 일까지 해 주니 그나마 조금 숨통이 트였다. '아~ 이 좋은 걸, 왜 그동안 몰랐을까?'

내가 가사 일을 하느라 시간이 없어 직원을 하나 더 뽑느니, 차라리 가사도우미를 써서 내가 일에 몰두할 수 있는 시간을 버는 게 더 효율적이다. 비용면에서도 직원이라면 최소한 100만 원 이상은 주어야겠지만, 주 2~3일 정도 오는 가사도우미라면 40~50만 원선이다. 쇼핑몰 운영자들 사이에 나오는 얘기 중에 유능한 직원 2명 보다 사장 하나가 낫다는 말이 있다(아이가 생기고 나서 매출이 급감한 것도 내가 쇼핑몰보다는 육아와 가사에 온통 정신을 쏟으며, 동생이 알아서 잘 운영하겠지 하고 안일하게 생각한 탓이 컸다). 효율 면에서도 새로운 말단 직원 들여서 교육시키느라 속 썩느니, 내가 직접 나서서 업무를 보는 것이 속도 편하고 능률도 높다. 앞으로 사업이 확장되면 어차피 직원을 더 들여야겠지만, 지금처럼 아내의 역할과 육아를 병행해야 하는 상황에서는 사장인 내가 쇼핑몰에 신경 쓸 시간을 버는 일이 더 중요하다. 지금은 소심하게 주1회지만, 그렇게 남에게 살림을 맡기는 것에 익숙해지면 점차 횟수를 더 늘릴 생각이다.

그 외에 대형(12인용) 식기세척기, 밀대 걸레, 로봇청소기, 공기청정기 등과 같은 가전도우미(?)들의 도움을 톡톡히 받고 있다. 아이가 어릴 때는 베이비모니터라고 하는 카메라(CCTV의 일종)를 아이가 잠든 방에 설치하고, 그 모니터를 컴퓨터 옆에 세워 두고 실시간으로 아이가 자고 노는 모습을 확인하며 사진편집 일을 하기도 했다. 인건비의 부담도 덜하고 타인이 드나드는 것이 영 탐탁지 않은 나와 같은 사람들에게는 참으로 유용하다. 그 외에 바닥을 제외한 가구나 책상, 거울처럼 자주 닦아야 하는 곳들은 물티슈 몇 장으로 해결한다. 얼룩도 안 지고 빨아서 널어야 하는 수고도 없고, 가격은 한 박스에 1만 원대 초반으로 헤프게 쓰는 편인데도 한 달은 족히 넘게 쓴다.

우리집 큰 일꾼 식기세척기!

가사, 육아와 일을 병행하기란 누구에게나 너무나 버거운 일이며, 설령 도와주는 사람이 있더라도 결국 엄마의 몫이고 책임이 된다. 그냥 하루하루 버티며 '다들 그렇게 사는데, 나라고 별수 있나' 하고 체념하기엔 살아갈 날들이 쇠털같이 많지 않은가, 피할 수 없으면 즐기라는 말을 위로 삼아 무식하게 버티지 말자!

시간은 누구에게나 24시간이다. 그럼에도 우리의 삶은 너무나도 천차만별이다. 인력의 도움을 받든, 과학의 도움을 받든, 원하는 일을 하기 위해서는 내 시간을 필사적으로 확보해야 한다. 특히 주부가 사업을 하는 데 돈을 버는 것보다 더 중요한 것이 시간을 버는 일이다. 돈 낭비보다 무서운 게 시간 낭비이다.

part **09**

구멍가게도 기업처럼 운영하기

 '자본이 넉넉지 않으면 시작도 하지 말라'는 공식이 생길 정도로, 요즘 시작하는 쇼핑몰들은 오프라인 못지않은 큰 비용을 각오해야만 한다. 그래서인지 시작부터 기업형인 쇼핑몰들이 속속 생겨나고 있는 추세다.

 그에 비하면 내 쇼핑몰의 시작은 정말이지 초라하기 그지없었다. '내 시작은 초라했으나 그 끝은 창대하리라'라는 이제 막 시작한 신장개업 식당에 붙어 있는 글귀처럼 부푼 꿈을 안고, 겨우 30만 원의 사입비와 아기 손바닥 만한 카메라로 시작을 했다. 그 후 5년이라는 시간이 눈 깜짝할 사이에 지나갔고 험난한 무한경쟁의 파도 속에서 살아남아 책 한 권 분량이 나올 만큼 많은 얘기와 노하우가 생겼다.

 1인 기업으로 혼자서 감당해야 했던 시절, 많은 업무를 효율적으로 처리하는 법을 고민하고 터득하던 때에 내가 집중했던 부분은 바로 업무의 시스템화였다. 비록 사무실 하나 없이 집에서 일할지언정 업무시간만큼은 기업처럼 운영하고 싶었다. 시스템화는 정해진 계획과 시간표가 있고 일을 효과적으로 한다는 장점도 있지만, 스스로에게 회사를 키워 가고 있다는 자긍심을 주었고, 방랑벽 있는 내가 오래토록 이 일을 사랑할 수 있게 한 원동력이 되기도 했다.

내가 주력한 시스템화는 쇼핑몰 운영을 4개의 파트로 나눈 것이다.

전화번호, 엔서링 서비스

쇼핑몰의 매일 반복되는 일과 중 하나는 고객과의 전화상담이다. 그 아무리 전화 공포증이 있다 한들 고객의 전화를 피할 수는 없다. 고객의 연령대가 높은 쇼핑몰이다 보니 전화로 주문하시는 고객들도 상당수 있으며, 상담하는 과정에서 주문할 제품을 결정을 하는 경우가 많기 때문에 매출과도 직결되는 중요한 부분이기도 하다.

쇼핑몰 디자인을 할 당시 상담용 전화번호를 쇼핑몰에 올려놓아야 하는데 집 전화번호가 그대로 노출되는 것이 왠지 싫었다. 간혹 핸드폰 번호까지 올려놓은 쇼핑몰들도 있던데 나로서는 상상도 할 수 없는 일이었다(이따금씩 이런 내가 장사를 한다는 게 대견하단 생각이 든다). 게다가 031로 시작하는 지역번호도 왠지 뭔가 프로페셔널한 느낌을 주지 못하는 것 같았다. 지금이야 일산이나 수원뿐 아니라 대구, 부산처럼 지방에서도 쇼핑몰들이 많이 생겨서 전혀 거리낄 것이 없지만, 서울이 아닐 바에는 아예 지역을 알 수 없는 쇼핑몰 대표번호가 필요했다. 인터파크나 지마켓, ××피자의 고객센터처럼 1577, 1588 번호들 말이다.

그래서 알게 된 것이 평생번호 서비스였다. 통신사들이 만든 앞자리 번호들인데, 0505, 0502 이런 앞자리로 시작하는 것으로 다른 지역으로 이사를 가도 전화번호를 해지하지 않는 이상 평생 그대로 쓸 수 있어 단골고객들에게 혼란을 주지 않고 사이트를 수정할 필요도 없어 좋다. 게다가 당시 평생번호라는 것이 나온 지 얼마 되지 않았기 때문에 외우기 쉬운 좋은 번호를 고를 수 있었다. 외출을 하거나 도매시장에 나갈 때는 핸드폰으로 착신을 해 놓을 수도 있어 편리했고, 쇼핑몰과 개인 사생활을 분리하고 싶었던 내 생각과도 잘 맞아떨어졌으며, 공짜이기에 더욱 매력적이었다. 다만 0505-×××-××× 이런 식으로 좀 길다는 게 흠이긴 하지만, 복잡하지 않은 번호로 골라서 그다지 나쁘지 않았다.

초창기에는 상담 가능 시간을 사이트에 명시해 놓아도 고객들이 시도 때도 없이 한밤중이나 이른 새벽에도 전화를 해댔다. 게다가 무조건 호통을 치거나 게시판에 전화를 받지 않는다고 불만의 글을 올리곤 했다. 그래서 지금은 그에 더해서 통신사에서 유료로 제공하는 엔서링 서비스도 이용하고 있다. 상담시간 이후에는 자동으로 업무가 끝났음을 알리는 안내멘트가 나오도록 설정을 할 수 있으며, 또한 업무시간대에는 '액세서리 전문 쇼핑몰 밀란케이'라는 안내멘트가 나오도록 설정해 놓았다.

열악한 쇼핑몰의 분위기를 풍기면 고객들은 결제하기를 꺼린다. 고객이 처음 접속하고 주문해서 마지막으로 물건을 받을 때까지 쇼핑몰은 끊임없이 보여줘야 한다. '이곳은 규모가 있는 쇼핑몰입니다. 여러분의 돈을 떼어 먹는 짓은 하지 않습니다. 여러분은 백화점을 가지 않고도 품격 있는 제품을 아주 합리적인 가격으로, 편리하게 구입할 수 있습니다'라고.

만약에 전화를 걸었는데 안내 멘트 하나 없고, 부스스한 목소리로 동네 구멍가게 아줌마처럼 어수룩하게 전화를 받는다면 고객은 금방 불안감이 밀려온다.

'이런 조그만 쇼핑몰에서 카드로 결제했다가 번호가 유출되면 어쩌지?'

'뭘 믿고 입금부터 하나? 물건 안 보내주고 문 닫아 버리면 어떻게 해?'

처음엔 사람들이 개나 소나 하는 쇼핑몰 따위를 한다고 생각할까 봐 그럴싸해 보이고 싶었던 마음에서 이러한 서비스들을 시작했지만, 이제는 고객들의 불안감을 없애고, 안심하고 결제할 수 있도록 하기 위한 방향으로 이용하게 되었다.

고객상담 매뉴얼

쇼핑몰을 운영하다 보면 고객과 문제가 생기지 않을 수 없다. 예를 들어 핸드메이드 제품은 약간의 비대칭이 있을 수밖에 없다. 그런데 상품을 받아보고 마음에 들지 않는다고 이것을 불량이라고 우기는 사람도 있다. 또 마음에 들지 않는다고 상품을 일부러 파손시켜서 보내고는 불량이라고 하는 사람들이 있다. 이런 경우는 로스의 하나라고 생각하는 것이 편하다. 좀 더 여유를 가지고 100개 팔면 5개, 20개 팔면 1개 이런 식으로 일정 퍼센트로 발생하는 일이라고 생각하는 편이다.

  고객의 마음을 얻는 일은 판매를 해서 돈을 버는 것만큼이나 뿌듯하고 보람도 있는 일이다. 고객응대도 시스템으로 만들어 효율적으로 운영하면 결코 힘들거나 껄끄러운 일만은 아니다. 아시다시피 나의 전화 공포증으로 인해 시작된 일종의 컨닝 페이퍼가 지금은 우리 쇼핑몰의 고객 상담 매뉴얼이 되었다. 그리고 지금도 고객과 새로운 문제가 생길 때마다 매뉴얼에 대처방법을 추가한다. 그리고 시간이 날 때마다 이 매뉴얼을 읽고 좀 더 효과적인 해결책이 없을까 방법을 모색한다.

밀란케이가 강조하는 고객 상담의 원칙들

1. 전화 받을 때 첫 멘트는 항상 "예, 고객님, 밀란케이입니다"로 시작한다. 전문적인 CS상담원은 아니지만 고객을 존중하고 상담할 준비가 되어 있다는 느낌을 주며, 쇼핑몰의 이름을 한번이라도 더 듣게 되므로 고객의 기억에 남게 된다.

2. 고객의 성함을 먼저 묻고, 관리자 페이지로 들어가 고객정보를 열고 상담을 시작한다. 기존의 회원인 경우, 그동안 고객이 구입했던 상품과 고객의 구입 패턴(연령, 지역 포함)을 확인할 수 있어서 상담하기가 훨씬 수월하며, 고객의 입장에서는 상담자가 꽤 세심하고 전문적이라고 느껴질 것이다. 그리고 상담하면서 알게 된 고객의 신상이나 특징을 고객페이지에 간단히 메모해 놓는다.

3. 고객의 이야기를 끝까지 듣고 답변을 시작한다. 고객이 장황하게 늘어놓더라도 섣불리 말을 끊지 말아야 한다. 특히 불만을 토로하느라 흥분해 있는 고객의 경우 더욱 조심해야 한다. "고객님, 그게 아니고…" 말허리를 자르고 들어갔다가는 오히려 불 난 집에 휘발유 끼얹은 꼴이 된다. 물론 고객의 말도 안 되는 트집에 반론하고 싶겠지만 꾹 참고 끝까지 듣다 보면 원하는 게 교환인지 환불인지 알게 된다. 종종 반품할 것처럼 혼자 불평불만 다 해 놓고 그새 화가 사그라들었는지 그냥 쓰겠다고 하는 사람도 의외로 많다. 반론은 그때 찬찬히 시작해도 늦지 않다.

배송료에 관한 원칙

예) 리폼을 요청하면서 새로 주문한 금액이 9만 8000원이라면

머릿속에서는 자동으로 계산기가 움직인다. 우리 쪽으로 고객의 리폼할 목걸이가 와야 하니까 2500원에다가, 먼저 주문한 금액이 9만 8000원이니까 가는 것은 무료배송. 리폼된 제품은 그 편에 같이 묻어서 가면 발송료는 필요 없으니 이 주문 건에 대한 배송료는 2500원이다. 만약 이 고객이 제품을 받은 후, 제품 중 일부인 6만 8500원짜리를 반품한다면 반송료 2500원만 받으면 될까? 아니다. 왕복배송료 5000원을 받아야 한다. 이런 경우 대부분의 고객은 물건을 일부만 반품해서 돌아가는 것이니 2500원만 내면 되지 않느냐고

항의한다. 초기에 3만원 이상이라 무료로 받으셨으나, 반품하시는 금액을 제외하면 구입하신 금액이 3만원 미만이 되므로 초기에 지불하지 않으셨던 2500원이 더해져 5000원이 되는 거다.

액세서리뿐 아니라 패션 관련 쇼핑몰은 이렇게 여러 개 주문하고 일부 반품하면서 또 다른 제품을 주문하는 경우가 상당히 많다(아무래도 주고객층이 여성이다 보니 조금 더 까다롭고 단순변심도 많은 편이다). 그렇기 때문에 운영자는 머릿속에 배송료에 대한 원칙을 잘 정리해 두어야 한다.

판매하는 제품을 사은품으로 주지 않는다

전화로 주문, 상담을 하는 고객 중에는 판매하고 있는 제품 중 하나를 그냥 달라고 떼를 쓰는 경우가 종종 있다.

"10만 원도 넘게 사는데 사은품은 없나요? 왜, 첫 페이지에 나오는 은 귀걸이 9800원짜리 이왕이면 그걸로 끼워 주시지."

거의 이런 식이다. 게다가 다른 쇼핑몰들은 그렇게 얘기하면 대부분 다 준다는 말도 많이 한다. 도대체 어느 쇼핑몰인지 궁금하기까지 하다. 그러나 그렇게 끼워 주기 시작하면 나중엔 더 큰 걸 원하거나 '얼마나 많이 남길래?' 라는 생각까지 하게 된다.

"고객님, 죄송해요, 저희가 인터넷이다 보니 마진율이 작습니다. 보시다시피 이런 물건 백화점 가시면 2~3배는 더 받는 거 아시잖아요. 가격 대비 좋은 제품들이니까 받으시면 만족하실 거예요. 사은품은 저희가 별도로 마련한 가격대별 사은품이 있고요, 전화 주셨으니 저희가 신경 써서 좀 더 챙겨드리겠습니다."

이렇게 마무리하는 편이 사은품을 퍼 주는 것보다 훨씬 신뢰감을 준다. 고객은 사은품도 제품가격에 포함이 된 것일 거라고 생각한다. 그렇기 때문에 많이 퍼 주면 받을 때는 좋은데, 돌아서면 왠지 본 상품은 싸구려이거나 바가지를 쓴 듯한 기분이 든다. 반면, 마진을 적게 남기고 좋은 제품을 공급하는 곳이라 사은품을 달라는 대로 주기는 어렵다는 것을 각인시키면 본 제품에 대한 만족도도 높고, 무리한 요구도 하지 않는다. 고객은 주인장 하기 나름이다.

판매제품과는 별도로 준비한 사은품용 헤어 제품들. 주로 부피가 작은 여러 종류의 머리끈과 헤어핀, 심플한 실버 귀걸이 등이다.

4개의 파트 (Identity, Site design, Products, AD)

"세상에서 유일하게 변하지 않는 것은 '모든 것은 변한다' 라는 진리뿐이다." 누가 한 말인지는 모르지만 살면서 늘 느끼게 되는 진리 중의 참 진리이다. 부지런히 관리하고 가꿔야 그나마 빠르게 흘러가는 세상의 트렌드에 겨우 발 맞춰 살 수 있는 게 우리 삶이다.

쇼핑몰 역시 초기에 공들여 만들어 놓았다 해도 끊임없이 고치고 개선해 나가지 않으면 금세 퇴물이 되어 버린다. 막연히 머릿속에 그리는 것보다는, 구체적으로 계획을 표로 만들어 진행하면 추진력에도 가속도가 붙고 눈에 보이는 실적에 보람도 느끼게 된다. 심각한 건망증에서 비롯된 습관 중 하나였지만 떠오르는 아이디어와 자

구분	내용
Identity	브랜드화, 밀란케이만의 색깔 유지를 위한 모든 것들, 케이스나 포장, 사은품
Site design	사이트의 내의 오류나 고객의 편의에 맞게 추가하거나 수정해야 할 목록
Products	신제품 및 상품기획, 시즌별 고객들이 많이 찾는 스타일과 미끼 상품 비율
AD	광고계획, 월 예산과 매체별 광고 비중 분배, 비용이 들지 않거나 적게 들이고 할 수 있는 홍보 개발(사이트 방문자수, 진행 중인 광고 등을 표시하여 자료로 남긴다)

① 오래전에 1만 개 수량으로 주문한 밀란케이의 귀걸이 카드
② 택배박스 로고
③ 제품 케이스 및 벨벳파우치
④ 제품포장 구성

료들은 모두 파일에 모으거나 스크랩해서 눈에 잘 보이도록 하는 습관은 많은 장점을 가지고 있다.

우리 쇼핑몰에는 4개의 파트 (Identity, Site design, Products, AD)에 대해 각 1페이지씩 모두 4페이지의 계획서가 있다. 계획서라기보다는 실행목록이라고 봐야 할 것이다. 분기별로 기한을 정해 그 안에 추진할 계획을 세우고 프린트해서 투명한 파일에 끼워 놓는다. 그리고 매주 회의를 하면서 얼마만큼 진행되었는지 서로 맡은 파트에 대해 의논하고 새로운 아이디어가 있으면 추가해 넣는다.

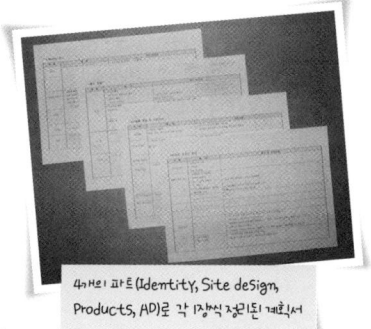

4개의 파트(Identity, Site design, Products, AD)로 각 1장씩 정리된 계획서

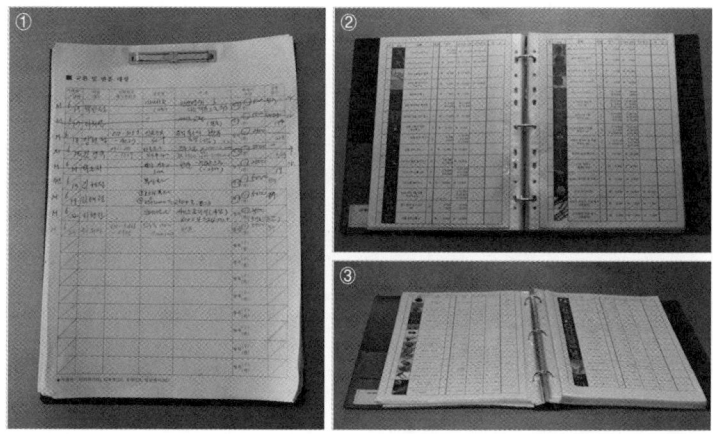

① 반품 및 A/S 교환 대장
②, ③ 포토앨범. 밀란케이에서 판매하고 있는 모든 제품들의 사진과 도매가, 또는 제작단가와 소매가가 명시되어 있다.

장황하게 할 것 없이 한눈에 보이도록 간결하게 하는 것이 포인트이다(실제로 대기업들도 1페이지 기획안 쓰기를 권장한다고 한다). 그래야 수시로 열어보고 체크하기가 좋다. 그 밖에도 반품 및 교환 대장이 있는데 고객의 클레임 내용이나 배송상황 등을 체크하고 처리하는 데 사용한다. 고객에게 전화가 오면 정신없는 쇼핑몰 업무에 떠밀려 대충 적어놓게 되는데, 이 종이 자투리가 꼭 어디론가 사라지곤 해서 사람을 난감하게 만든다. 그런 이유로 (그렇지 않아도 불만으로 민감해져 있는 고객에게) 2번 실수하는 일이 없도록 아예 체크항목을 프린트해서 장부로 만들었다.

주 1회 회의 및 직원 교육

직장 생활을 해본 사람은 알겠지만 사내에서 같은 부서끼리는 공유폴더를 설정해서 다른 직원들과 정보를 공유하는 것은 상당히 보편화되어 있다. 나 역시 동생의 작업용 하드를 공유폴더로 지정해 다른 컴퓨터에서도 동생의 하드를 통째로 볼 수가 있다. 동생이 작업하다가 마음대로 안 되면 내가 바로 가져다가 수정을 보기도 하고, 오픈마켓을 담당하고 있는 동생에게 업로드할 자료를 넘겨주거나 참고 자료도 모아 바로 넣어 주기도 한다.

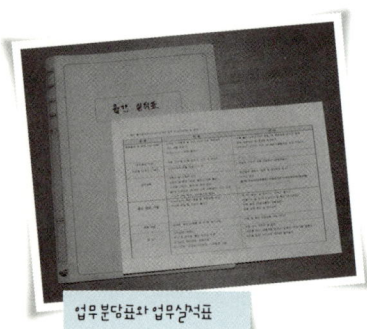
업무분담표와 업무실적표

매주 수요일 오전에는 전 주

추진계획의 진행상황과 광고통계를 확인하고 다음 주의 과제를 배정한다. 쇼핑몰의 월간실적표가 있어서 랭키 순위, 방문자 수, 제품 업데이트 수량, 유·무료 광고 진행 현황 등을 평소 업무 중에 수시로 표기하고 메모해서 회의 때 자료로 쓴다. 직원이라야 동생 하나뿐이지만 서로 머리를 맞대고 아이디어를 내고 계획을 수정해 나가면서 역시 하나보다는 둘이 낫다는 어른들의 말을 실감한다.

- 업무분담표: 동생과 내가 각각 책임지고 매월 해야 할 일을 나눠서 벽에 붙여놓은 1장짜리 계획표
- 업무실적표: 진행하고 있는 광고별 효과와 업데이트된 제품 수량, 고객유입율을 매주간 체크해 월별로 묶어 놓은 파일

동생에게는 틈틈이 프로그램 스킬 및 노가다 광고 등도 교육해서 지금은 독립을 해도 손색이 없을 만큼의 실력을 가졌고, 1년 전부터는 오픈마켓의 관리와 업데이트를 전담시키고 있다. 앞으로 사진기술과 키워드 광고에 대해서 심도 있게 교육할 생각인데, 교육이라기보다는 나도 부족한 부분이 많은 분야인지라 함께 공부할 시간을 가지려 계획 중이다.

작은 부분도 프로페셔널하게

40여 장이 넘는 송장을 수기로 작성하던 시절이 있었다. 개학 전날 밀린 방학숙제를 몰아서 하듯 숨 가쁘게(밑장까지 주소가 배어나오록)

그 많은 송장을 빠른 시간 내에 써야만 했다. 그 송장 쓰는 데만도 2시간이 넘게 걸렸으며, 뒷장까지 새겨지도록 볼펜을 꾹꾹 눌러 써야 하기 때문에 일을 마친 후에는 손마디가 뻐근하고 쓰렸다.

그러나 힘들게 손으로 쓰는 것보다 더욱 싫은 것은, 고객이 볼펜을 눌러 쓴 수기송장을 보고 상상할 우리 쇼핑몰의 영세한 모습이었다. 박스 위에 붙어 있는 수기송장을 보고 '얼마나 조그맣고 물량이 없는 쇼핑몰이면 일일이 송장을 손으로 써서 물건을 보낼까' 고객들이 생각할 것 같아서 마음이 초조했다.

택배 기사님은 도트프린터를 지원해 준다고 하셨는데, 망원동은 임대료가 싸고 교통이 편리해서 대형 쇼핑몰들이 많다고 했다. 하루에 1000건 이상 나가는 곳도 있을 만큼 큰 업체들이 많이 있어 더 많은 수량이 평균적으로 나와야 할인이 가능하다고 했다. 게다가 프린터기를 기사님이 사비로 지원하는 것이란 말에 부담이 생겼다. 금액을 낮춰 주겠다는 다른 택배로 옮기려고 생각중인 터라 더욱 기사님께 신세지고 싶지 않았다.

레이저 프린터로 뽑은 라벨송장을 붙인 배송박스들

라벨송장은 밀란케이의 아이덴티티(Identity) 계획의 일환이기도 했기에 더 이상 미룰 수만은 없었다. 그래서 마음 편하게 내 손으로 레이저 프린터기를 구입했다. 금액은 예상외로 10만 원도 안 되었고 효과는 그 이상이었다. 주소나 전화번호를 잘못 적을까 봐 몇 번씩 확인할 필요도 없고, 더 이상은 손가락에 물집이 잡히도록 손글씨를 쓸 필요도 없었다.

빠른 배송! 바른 배송!

기존 2년 넘게 이용하던 택배사는 업계 상위에 속하는 업체로 그간 몇 건의 배송 사고가 있긴 했었지만 그 정도면 비교적 문제없는 무난한 곳이었다. 그러던 차에 다른 택배사에서 파격적인 택배비 제안이 들어왔다. 배송 문제로 크게 골치 아파 본 적이 없었던 터라 매월 수십만 원의 공돈이 생길 것을 생각하니 당장 바꿔야겠단 생각이 들었다.

그러나 예상은 완전 빗나갔다. 제품이 며칠씩 늦게 도착하기도 하고, 중간에 아예 박스가 사라져 버리기도 하는 등의 문제를 일으키곤 했다. 던지듯이 물건을 건넨다거나 집에 사람이 없다고 연락도 않고 앞집에 맡겨 버리고 간다거나 하는 그런 불친절이 나의 의지와는 상관없었지만 고객들은 그렇게 생각하질 않았다. 특히나 명절과 성수기에는 하루가 멀다 하고 배송으로 인한 고객들의 클레임이 빗발쳤다. 그 후로 또 다른 업체로 바꾸었으나 상황은 크게 달라지지 않았다. 맹자 엄마도 아니고 몇 달 사이에 3번이나 택배사를 갈아치운 나는 맥이 빠졌다. '왜 택배 사원들이 잘못한 걸 우리한테 전화해서 성을 내는 건가? 우리 잘못이 아닌데.'

고객들은 물건을 구입한 곳은 우리 쇼핑몰이지만, 최종적으로 얼굴을 마주하는 사람은 택배 직원이므로 배송까지도 우리 쇼핑몰의 서비스라고 생각하는 것이었다. 사실 틀린 얘기는 아니다. 택배사 역시 우리가 선택한 협력업체이기 때문이다. 단순히 싸다는 이유로 서투른 직원에게 중요한 업무를 맡길 수는 없는 것처럼, 배송료가 싸다고 옮긴 것은 분명 나의 불찰이었다. 고객과의 약속은 꼭 지켜내야만 하는 숙제와 같다. 숙제를 못하면 어김없이 그 죗값을 치르게 된다.

1인 기업이나 다름없는 소호 쇼핑몰은 불필요한 시간 낭비를 최대한 줄여야 다음 업무에 차질이 생기지 않는다. 동생이 직원으로 들어와 있는 데다가 고객 클레임을 전담할 CS직원을 더 뽑을 규모는 아니기에, 대신 좀 더 안정적인 택배사를 선택하는 것이 인건비를 줄이는 최선이라 생각했다.

어차피 우리 쇼핑몰의 제품들은 저가의 제품들이 아니라 박리다매로 수량을 많이 뽑는 곳은 아니므로 한 달이라야 배송 이익금은 몇 십만 원 정도이다. 그래서 까짓 몇 십만 원의 이익을 포기하고 배송이 빠르고 정확하기로 평이 좋은 현재의 택배사로 옮기게 되었다. 물량을 평균적으로 어느 정도 유지해야 하는 부담이 있고 가격할인 기준이 높고 까다롭지만 스트레스도 줄이고 일에 전력할 수 있다는 장점과 맞바꿔 아쉬울 것은 없었다.

제품에 날개를 달자!

큐빅 목걸이 하나도 몇백 원만 더 신경 쓰면 고급제품으로 다시 태어난다. 액세서리를 보석과 같이 취급하면 보석이 되는 것이다. 같은 제품이라도 케이스에 정성스레 담아 보내면 고객은 보석을 받은 듯 감동한다. 케이스는 단순히 제품을 담는 용기로서의 역할만 하는 것이 아니다. 우리는 택배박스와 파우치, 귀걸이카드 등의 포장재에 쇼핑몰의 로고를 인쇄해서 사용하는데, 고객들이 우리 쇼핑몰을 하나의 브랜드로 인식하게끔 유도하는 방법이기도 하다. 일종의 홍보 수단인 것이다.

그러나 너무 많은 부위에 로고를 남발하지 않도록 해야 한다. 제품에 사용되는 모든 포장재에 로고가 어설프게 다 찍혀 있으면 오히려 혐오감을 주기도 한다. 로고가 하나의 장식적인 역할을 하는 정도로, 케이스의 안쪽이나 파우치 한 쪽면 정도로 충분하며, 여유가 있다면 택배박스에 찍는 것 정도가 적절하다. 또한 인쇄가 들어가면 1도 인쇄일 경우(1가지 색으로 인쇄) 포장재의 개당 단가가 50~80원 더 올라가므로 너무 남발해서 불필요한 지출이 발생하지 않도록 한다.

온라인 쇼핑몰에서 포장은 오프라인과는 성격이 좀 다르다. 오프라인에서는 자신이 착용할 제품이라면 포장 없이 바로 착용하고 나가는 사람이 대부분이며, 선물인 경우에도 고객이 그 자리에서 보고 확인한 제품이기 때문에 포장지와 리본을 사용하여 포장을 한다. 온라인이라면 고객이 제품을 받은 후에 어차피 한번은 열어서 확인을 해야 하기 때문에 포장지로 싸거나 리본을 묶어서 봉하는 일은 거의 없다. 우리의 경우, 뜯어내면 다시 봉하기 어려운 포장지나 리본보다는 제품을 확인하기 편리하고 포장 효과도 누릴 수 있도록 아예

밀란제이르의 초기 포장. 안전을 고려하여 에어캡으로 감싸서 넣은 제품과 사은품

큰 리본이 부착되어 있는 박스나 전용 하드케이스를 사용한다.

인터넷 쇼핑몰의 포장은 보기도 좋아야 하지만 안전 역시 무시할 수 없다. 택배 직원들은 (별도로 주의마크를 붙여 놓지 않는 이상) 거의 던지다시피 박스를 나른다. 익일배송이 원칙이기 때문에 시간이 촉박해 그렇다고는 하지만, 그로 인해 갈 때는 멀쩡했던 포장케이스가 찌그러지거나 간혹 귀걸이나 목걸이의 큐빅이 빠지기도 한다. 충격에 의해 빠진 큐빅과 진상고객이 일부러 뺀 큐빅은 제품 틀을 보면 금세 알 수 있기 때문에 그렇게 불량으로 되돌아온 제품을 보면 속이 상한다. 그래서 우리는 물건을 포장할 때 이 제품이 던져질 것이란 사실을 항상 염두에 둔다. 그래서 포장 전에 이리저리 제품을 흔들어도 보고 헐거운 큐빅이 있나 꼼꼼히 확인을 한다. 그리고 난 후 먼 길을 가야 하는 제품이니만큼 흔들리지 않게 완충재를 이용해 잘 싸매 준다.

포장재 구입

남대문시장은 워낙 액세서리 시장으로 유명한 곳이라 근방에 액세서리 진열대나 포장 부자재를 파는 곳들이 많다. 추가금액이 들기는 하지만 대량구매 시 벨벳주머니나 포장케이스에 로고를 인쇄해 주기도 한다(보통 100개 단위의 소량도 인쇄가 가능하다). 그 밖에 새로운 디자인이나 좀 더 독창적인 것을 원한다면 을지로에 있는 방산시장을 이용하는 것도 좋다. 각종 포장지며, 쇼핑백, 리본 끈, 로고스티커 등까지 원하는 스타일로 제작할 수 있고 수량에 따라 달라지긴 하지만 단가도 더 저렴하다.

제품을 택배박스라고 불리는 최종적인 겉박스와 내부 완충재인 뽁뽁이는 인터넷으로 주문한다. 무게가 많이 나가고 부피도 크기 때문에 집까지 배달해 주는 온라인 쇼핑몰을 주로 이용한다.

전자가계부, 비서보다 낫다

전자가계부를 인터넷으로 내려받아 매일 마감 시 작성하고 월별로 수지비교를 해서 각 달의 인건비, 포장, 광고비 등의 총 금액을 비교해 다음 달의 예산을 짠다. 원하는 항목별, 날짜별로 정렬이 가능해서 통계가 한눈에 들어오고 원하면 엑셀로 변환 프린트도 할 수 있어 종이 장부로 된 가계부에 비해 상당히 실용적이다.

인터넷으로 조회를 해보면 수많은 가계부 프로그램이 뜬다. 대부분 기본적으로 품목별 합산이나 통계가 가능하므로 무료 프로그램의 경우, 유료일 때와 다르게 제한이 있는지 확인 후 다운 받아서 쓰면 된다. 복잡한 것이 싫은 분들은 엑셀프로그램을 이용해서 짜 놓은 일명 〈엑셀가계부〉를 자신에 맞게 품목만 고쳐서 써도 된다.

쇼핑몰을 하다 보면 의외로 새는 돈이 많다. 순이익의 비율을 봐가며 광고비와 제품마진율 등을 책정해야 한다. 많이 판다고 장땡이 아니다. 통장으로 들어오는 돈만 바라보고 흐뭇해 하다가는 결국 몇

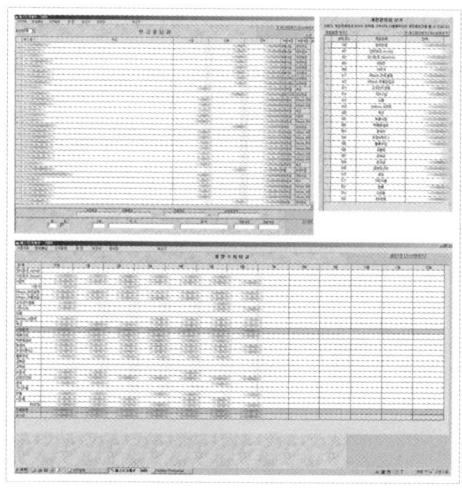
밀란케이에서 사용하고 있는 회계프로그램, 베스트가계부

개월 후에는 통장에 잔고는 텅텅 비고 물건을 사입하기 위해 돈을 빌려야 하는 수가 생길 것이다.

우리의 경우, 초창기에는 인건비와 광고비가 거의 들지 않아 이익율이 50% 이상 되던 때도 있었다. 그러나 광고비의 비중이 높아지고 혼자 하던 때와 다르게 인건비도 생기다 보니 현재는 이익율이 30% 선이다. 광고비 비율이 5~6% 정도 되며, 구매율이 높은 성수기 시즌을 앞두고는 10%까지 쓰기도 한다. 동생 월급도 기본급 + 인센티브(매출의 7 %) 이므로 그렇게 들어가는 돈과 제품 사입비, 택배비, 오픈마켓의 경우 각종 수수료 등을 제하고 나면 대략 순이익율은 30% 선이 된다. 순이익율 30%의 마지노선을 유지하려면 도매가×2배 정도로는 턱없이 부족하다. 물론 시중에 널리 깔려 있다거나 소위 미끼상품인 것은 1.6~1.8배 정도 이상 받기는 어렵겠지만, 보통 2.5배 정도는 되어야 하며, 상황에 따라 3배 이상 받는 것들도 있다(액세서리의 경우 타 업종에 비해 단가가 낮기 때문에 그 이하로 마진을 붙이면 운영비도 나오기 힘들다).

진정한 브랜드로 자리 굳히기

처음 밀란케이(Milan, K)란 이름으로 로고와 사이트를 만들 때는 거창하게도 나의 브랜드를 만들고 키워 보고 싶다는 생각이 있었다. 티파니, 까르띠에, 반클리프 앤 아펠 등이 자신들의 이름(가문)을 그대로 브랜드로 사용했듯이, 앙드레 김이나 구호(정구호), 카루소 장광효처럼 국내 디자이너 자신의 이름을 그래도 브랜드화했듯이 나도 몇 대에 걸쳐 완성된 오래된 노하우와 장인정신이 깃든 명품 브랜드들처럼 가문의 명예를 걸고 지켜 내는 그런 고집스러운 브랜드의 주인이고 싶었다.

뭐, 현실은 한때 유행하던, 사장의 이름을 내건 '김 아무개 미용실'이나 '××할머니 원조 소머리국밥집' 같은 그런 조금은 민망한 자긍심 같은 것이 되었지만. 어쨌든 밀란케이는 강. 미. 란. 이다. 그래서 더 노력했고 그래서 더 내려놓을 수가 없다.

가끔씩 우리 쇼핑몰과 관련된 어떤 것들이 검색될까 궁금하기도 하고, 얼마만큼 사람들에게 알려졌을까 궁금하기도 해서 스스로 검색창에 쳐 보곤 한다. 대부분 내가 노가다 광고로 올렸던 블로그의 글들이 뜨지만 간간히 우리 제품을 구입한 고객의 블로그 글들도 있고, 내 블로그 사진을 가져간 다른 이들의 카페나 홈피도 보게 된다.

늘 그 정도였는데, 어느 날 무심코 검색창에 써 본 밀란케이에 몇몇 액세서리 쇼핑몰들이 주르르 뜨는 것이 아닌가? 이 쇼핑몰들은 우리 쇼핑몰의 상호를 키워드로 오버추어 광고를 하고 있는 것이었다. 전화 공포증이 있는 나는 전화를 걸어 따질 엄두는 못하고 게시판이나 메일로 광고를 중지하라는 글을 보내 보기도 했지만 그들은 꿈쩍도 하지 않았다.

유명한 의류 쇼핑몰들의 아류 이름을 심심치 않게 봐 왔던 차라 머릿속에 뻔한 상황이 그려졌다. 밀란케이2, 밀란캐이, 밀란케이의 주얼리…. 뭐 이런 아류적인 상호로 누가 쇼핑몰을 만들어도 따질 수가 없다는 것. 그런 황당한 사태를 미연에 방지하기 위해서는 법적으로 뭔가 조치가 필요하지 싶었다. 단번에 떠오른 것은 그나마 익숙하게 들어 왔던 상표권. 내친 김에 특허청에 전화를 걸어 문의를 했고 그때 알게 된 것이 바로 서비스표 등록이었다.

다음 장에서도 설명하겠지만, 우리가 흔히 알고 있는 상표권은 상품 식별에 대한 권리이다. 우리의 경우는 제품의 일부는 제작상품이지만 과반수가 시장상품이므로, 같은 상품을 판매하고 있는 상인에게 상표권을 운운하며 우리 제품의 카피를 운운할 수는 없다. 서비스표란 동종업계에서 내 상호를 유사하게 도용하여 침해하지 못하도록 공시하는 것이다. 쉽게 말해서 우리가 원하는 것은 우리의 상호인 '밀란케이'라는 이름을 다른 쇼핑몰이나 개인이 마음대로 사용하는 것을 막기 위함이므로 서비스표에 해당한다.

알아보니 변리사나 대행사를 통하면 대행비만 50여만 원이 든다고 해서 결국 혼자 물어물어 작성해서 인터넷으로 등록을 했다. 그렇게 어렵지는 않았다. 특허청에 전화를 해서 상담원과 몇 차례 통화하고 로고랑 상호 등록하는 데 대략 2시간 정도 걸렸던 것 같다(특허청의 온라인 출원서비스 http://www.kiporo.go.kr).

그리고 그렇게 등록한 기억조차 까마득해질 무렵, 만 1년이 넘어서야 등록이 되었다는 통보를 받았다. 우습게도 상장을 받은 것마냥 뿌듯했다(비용은 인터넷 접수 시 심사비가 약 5만 원 정도 들며, 등록이 되면 26만 원 정도를 내야 10년 동안 상호를 보호받는다. 이후 다시 유지비를 내야 기간이 연장된다).

그리고 별렀던 밀란케이의 서비스표 등록으로 오버추어 키워드 광고를 하는 타사에 엄포를 할 수 있었다. 소심한 나는 각 쇼핑몰들이 아닌 오버추어 코리아에 전화를 걸어 우리 이름으로 광고하는 업체들을 모두 내리라고 큰소리쳤다.

"여기 밀란케이라고 액세서리 쇼핑몰인데요. 네이버에 저희 이름으로 조회하면 동종업 하는 몇몇 쇼핑몰들이 맨 위에 주르르 뜨더라구요? 이게 오버추어에서 하는 광고 맞죠?"

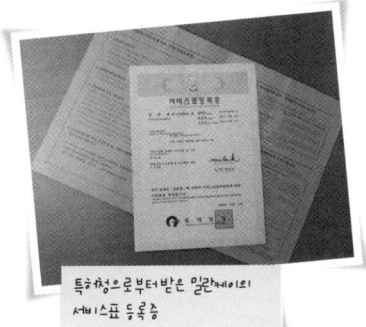

특허청으로부터 받은 밀란케이의 서비스표 등록증

"아, 예."

"저희는 서비스표 등록되어 있는 업체인데 엄연히 상표법 위반이 아닌가요?"

"그게 광고 의뢰하시는 광고주들이 단어를 선택해서 올리는 거라 저희도 모를 때가 많아요. 저희가 광고주들에게 연락드리고 주의하시라 얘기하겠습니다."

"일단 광고는 모두 내려 주시고요. 전에도 이런 일로 오버추어에 두어 번 전화 드린 적이 있는데, 그때뿐이더라구요. 몇 달 지나면 다른 업체가 또 올라오고… 추후에도 다시 이런 일이 없도록 저희 상호는 아예 금지어로 등록해 주실 수는 없는 건가요?"

"예, 다시는 이런 일 없도록 특별히 신경 쓰겠습니다."

몇 시간 후 속이 후련하게 광고들이 모두 지워졌다. 내심 속으로 '우리는 대행만 하는 것이니 모르는 일이다. 직접 연락해서 합의 보라' 할까 봐 걱정했는데 의외로 간단하게 해결이 되었다.

나 역시 인터넷 쇼핑몰을 이용하는 소비자로서 종종 이용하는 유명 의류 쇼핑몰 이름을 조회할라치면 조잡한 조합의 유사 이름을 가진 다른 쇼핑몰들이 주르르 뜬다. 스팸메일이 가득 찬 메일함을 보고 있는 것 같아 불쾌하기까지 하다. 정작 내가 찾는 쇼핑몰은 한참 아래쯤에서나 겨우 숨은 그림처럼 발견할 수 있다. 누가 봐도 옳지 않은 편법임이 확연한데 법의 테두리 밖에 있다니 우스울 따름이다.

오래 걸리긴 하지만 하나하나 준비해 가야 한다. 단순히 장사가 아닌 사업을 하는 사람들이 브랜드를 출시하기 전부터 상표권 등록을 하고, 제품 디자인을 의장등록을 하는 이유는 애써 공들여 준비하고 투자한 결과물을 고스란히 눈앞에서 빼앗겨도 법의 테두리 밖에 있으면 아무런 저항도 할 수 없기 때문이다.

서비스표란?

'서비스표'란 서비스업(광고업, 은행업, 요식업 등 용역의 제공업무)을 영위하는 자가 자기의 서비스업을 타인의 서비스업과 식별

되도록 하기 위하여 사용하는 표장으로 넓은 의미의 상표 개념입니다. 즉 상표는 '상품'의 식별표지임에 반하여, 서비스표는 '서비스업(용역)'의 식별표지라고 할 수 있습니다. (상표법 제2조 제1항 제2호).

사업자(회사)의 상호 또는 로고(도형)는 상표법상의 상표 또는 서비스표로 등록이 가능합니다. 따라서 제조업 등 1차, 2차 산업에 속하면 지정상품을 정하여 상호를 상표로 출원하여 등록받아 사용할 수 있고, 회사가 서비스업을 영위하면 자신의 서비스업을 타인의 서비스업과 식별되도록 하기 위하여 서비스표로 출원하여 등록 받아 사용하여야 합니다. 상호와 마크를 각각 사용코자하면 출원도 각각 하여야 하며, 상호와 마크를 결합하여 하나의 서비스표로 출원하는 것도 가능합니다.

예상 비용

출원수수료

상표등록 출원 시에 출원수수료는 서면 출원의 경우 1상품류 구분마다 6만 6000원이며 온라인 출원의 경우 1상품류 구분마다 5만 6000원입니다. 또한 존속기간 갱신등록 출원인 경우에는 신규출원료와 동일하고, 존속기간 갱신등록 추납기간인 경우에는 서면 출원의 경우 1상품류 구분마다 9만 5000원(온라인 : 8만 5000원)입니다(특허료 등의 징수규칙 제5조).

상표설정등록료

상표(서비스표)설정등록료는 1상품류 구분마다 21만 1000원(갱신등록인 경우 25만 6000원), 등록세 4560원입니다(특허료 등의 징수규칙 제5조).

part **10**

이것이 힘이다
밀란케이의 경쟁력

 직원을 두어 명 더 늘리고 공격적인 마케팅을 펼치며 가파르게 고속으로 성장하고 싶기도 했다. 자신도 있고 패기도 있었다. 매출보다는 순이익이 더 중요하다는 것을 뼛속 깊이 잘 알고 있는 나로서는 수도 없이 계산기를 두드리고 타산을 해보았지만 결국은 최소인원과 규모로 최대의 효과를 누리는 것이 최선책이란 결론을 내렸다. 또한 그것은 내가 가진 경쟁력이기도 하다.

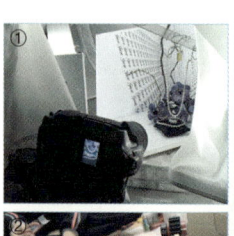

① 제품 촬영 중인 미니 스튜디오
② 사은품으로 쓰일 머리끈들을 포장하고 있는 모습
③~⑤ 제품 검수 및 포장을 하고 있는 방안 전경

치열하게 쇼핑몰을 운영하기보다는 동생과 둘이서 쇼핑몰을 운영하고 싶다. 아이 엄마로서 어느 정도 여유를 가지고 쇼핑몰을 운영하면서 직장인보다는 넉넉한 수입을 올리는 지금에 만족한다. 규모를 키우기보다는 질

포장을 마치고 발송을 기다리고 있는 택배박스

을 높여서 장기적으로 생존하는 실속 있는 쇼핑몰을 만들고 싶다.

새가슴 철학

아이를 출산한 이후에는 매출이 많이 떨어져 대략 하루에 30~40박스 정도 발송을 하고 있다. 직원이 20~30명 정도 되는 훨씬 규모가 큰 업체보다야 벌이가 적지만, 최소한 직원 4~5명 규모의 저가 액세서리 쇼핑몰과는 대략 비슷한 정도의 매출을 올리고 있다.

사업은 도박이 아니다. 물론 사람 욕심이야 한도 끝도 없는 법인지라 연간 수백 억에 달하는 매출을 내는 다른 업종의 쇼핑몰을 보면 정말 부럽기도 하다. 하지만 지금은 현재 밀란케이의 모습에 만족한다. 더 많은 매출을 내고 싶다면 더 많은 일을 하는 것은 당연하다. 그렇게 하기 위해서는 더 많은 스트레스를 감당해야 한다. 아이도 아직 어려서 1~2년간은 더 엄마가 세심히 돌봐야 하고, 신랑이 새로 시작한 사업의 뒷바라지도 내 몫이다. 사실 쇼핑몰 이외에서 받는 스트레스가 더 크다고 할 정도로 쇼핑몰 업무는 이제는 내 생활의 일부로 자리 잡힌 상태이다. 규모를 늘리고 새로운 스트레스를

즐길 수 있는 여유가 생기려면 좀 더 시일이 걸릴 것 같다. 아직은 새가슴으로 이 게으름을 조금 더 즐겨 볼 셈이다.

액세서리 자체는 화려하지만 액세서리 쇼핑몰의 운영은 정반대다. 마음에 드는 액세서리가 있어도 고객이 구입할 물건이지 내 것이 아니다. 가끔 단종이 되어 한두 개씩 남거나 제작 도중에 흠집이 나서 판매가 불가할 경우에나 비로소 내 것이 된다. 그마저도 가족, 친구들이 생각나 예쁜 것은 선물로 챙겨 놓고 후진 녀석들만 내 차지가 된다. 쇼핑몰 운영이 5년차에 이른 지금은 마음에 드는 제일 멋지고 비싼 것 하나 정도는 나를 위해 남겨 둘 수 있는 여유를 가지려고 한다.

용의 꼬리보다 닭의 머리!

우리 동네에는 항상 손님이 바글바글한 쭈꾸미 집이 있다. 처음 발견했을 때는 9시에 문을 닫는다는데 8시 50분에 도착했다는 이유로 문전박대(?)를 당했고, 그 다음 번에 방문했을 때는 자리가 없어서 30분 이상 기다려야 한다기에 포기해야만 했고, 3번째엔 일찌감치 6시 반쯤에 갔는데도 재료가 떨어졌다고 해서 쭈꾸미는 구경도 못하고 나왔다.

"에잇, 쭈꾸미에 금물 입혔냐? 안 먹어 안 먹어."

그래놓고도 오기가 발동해서 이번이 마지막이라고 찾아간 4번째 방문에서야 우리 가족은 비로소 오매불망하던 쭈꾸미를 만나게 되었다. 크지도 않고 10여 평 남짓 되는 조그마한 동네 쭈꾸미 집에 사람들은 뭘 그렇게 열광하는 걸까?

예전에 서점 매대에 서서 잠깐 읽은 스타벅스를 이긴 동네 커피전문점의 이야기가 생각난다. 아침이면 오픈할 때까지 줄을 서서 기다리는 사람들로 북적거리는 자그마한 커피점. 가게 주인의 커피에 대한 사랑과 세심한 노력, 서비스의 차별화 등등에 대한 얘기였는데, 이 쭈꾸미 집의 흡인력도 그와 비슷할 거라는 생각이 든다.

사람들은 위와 같은 소위 잘 나가는 구멍가게들을 보면, 크게 늘리면 떼돈을 긁어모을 수 있을 텐데 왜 저렇게 지지리 궁상으로 장사를 할까 생각한다. 그러나 잘되는 가게가 사업 확장을 하거나 업종변경을 하여 재오픈하면 이상하게도 쫄딱 망하는 경우가 더 많다. 그리고 결국엔 본업으로 돌아와 조그맣게 다시 시작하게 된다.

'송충이는 솔잎을 먹어야 한다' 뭐 그런 논리인가? 아니다. 가장 큰 이유는 유동고객의 수에 비해 불필요하게 큰 규모로 확장하다 보니 수익보다 지출의 비중이 더 높아졌기 때문이다. 그리고 규모가 크다 보니 성공의 원천이었던 사장의 운영방침이나 디테일이 직원들에게는 모두 전달이 안 되는 경우다.

액세서리로는 큰돈 벌기 힘들다고들 한다(그게 현실이기도 하다). 그렇지만 그나마 내가 잘 알고 남들보다 우위에서 시작할 수 있는 일은 이것뿐이다. 용의 꼬리가 되느니 닭의 머리가 되면 되지 않나? 닭의 머리가 되어야 다음엔 호랑이 머리도 하고 그 다음엔 고래 머리도 하고 계속 목표가 생기지 않을까? 천 리 길도 한 걸음부터 시작이라고.

밀란케이는 유명 브랜드도 아니고, 성공이 보장된 체인점도 아니다. 그저 거대한 인터넷 바다의 한 귀퉁이에서 약간의 입소문으로 알려진 동네 쭈꾸미 집 같은 곳이다. 내게 고부가가치 사업이란 내가 자신 있고 잘 아는 일에서 좀 더 높은 타깃층을 겨냥하는 것이다.

호감형 쇼핑몰

요즘 유행하는 표현으로 '호감형'이란 말이 있다. 슈퍼모델처럼 키가 크고 늘씬해도, 끌리지 않는 사람에게는 단호하게 비호감이란 단어를 쓰기도 한다.

우리는 많은 자본을 투자해서 성공형 쇼핑몰의 틀을 갖춘 쇼핑몰보다도 못생긴 모델과 어설픈 홈페이지 디자인, 다소 높은 제품 가격임에도 올라오는 제품마다 매진을 기록하며 대박을 내는 쇼핑몰들을 많이 알고 있다. 그들의 공식은 정말 어처구니없게도 "그냥 운이 좋았어요.", "옷을 좋아하다 보니까"이다. 이상하게 그들을 똑같이 따라 해도 망하는 쇼핑몰들은 망하고 만다. 그들의 노하우는 어떤 공식으로도 대입이 되지 않는다. 성공요인에는 여러 가지 이유가 있겠지만, 직설적으로 얘기하자면 고객에게 매력 있는 쇼핑몰, '호감형'이기 때문이 아닐까.

예전 직장 생활을 할 당시, 내가 다니던 회사의 브랜드가 강남의 몇몇 백화점에 입점되어 있어 행사가 있을 때마다 디스플레이와 행사지원으로 나가곤 했다. 개점이 되기 전까지 정신없이 제품들을 걸고 모양을 잡고 나면 시간이 좀 남아 주위를 둘러볼 여유가 생긴다. 소위 '잘 사는 동네'라는 별칭처럼 지나가는 고객들의 옷차림들이 아주 독특하다. 그러다 가끔 아주 우스꽝스러운 모습들을 종종 발견하고는 친한 직원이나 상사를 붙잡고 호들갑을 떤다.

"어머, 저 사람 좀 봐. 웬일이니?"

"어머머, 뭐냐? 저 머리는 뭐고, 버버리코트에 웬 장화야. 자기가 바바리 맨이야. 호호호."

"저 장화가 샤넬이잖아요."

"그러네?! 그러고 보니 온몸을 명품으로 도배를 했네, 그려."

"아주 수천을 뿌렸어. 그런데 명품이면 뭘 하냐. 완전 여고 앞에 바바리 맨인데."

최고 명품의 조합만이 가장 좋은 코디가 아니라는 것쯤은 누구나 잘 알고 있을 것이다. 그렇게 개그맨 저리 가라 하는 패션을 보고는 배꼽 빠졌던 일들을 생각하면 지금도 무의식 중에 웃음이 난다.

요즘 트렌드이고 유행인 소녀 감성풍의 쇼핑몰들이 많이 생기면서 거기가 거기인 듯 알아보기가 힘들다. 간혹 독특한 쇼핑몰들이 눈에 띄어 즐겨찾기를 해 놓았는데 몇 달 후에 들어와 보았더니 이도저도 아닌 어설픈 쇼핑몰이 되어 있기 일쑤이다. 아무래도 처음에는 컨셉도 잡고 계획 하에 쇼핑몰을 만들었으나 시간이 지날수록 매출도 없고 광고효과도 지지부진해지니 방향을 잘못 잡았나 하고 불안해졌을 것이다. 그래서 여기저기 기웃거리며 잘 나간다는 쇼핑몰들을 따라서 고치다 보니 그렇게 애매모호하다 못해 우습기까지 한 분위기가 된 것일 게다.

사업초기에는 당연히 매출이 좋을 리가 없는데 그 시기를 못 참고 그렇게 설레발을 친다. '이 정도면 분위기도 비슷하고 ××쇼핑몰하고 크게 다를 것도 없으니 우리도 거기 매출의 반은 하겠지.'하고 말이다. 기존의 대박 쇼핑몰과 비슷하게 꾸미면 매출도 그렇게 따라올 거라 믿으면 오산이다. 그들은 이미 오랜 기간 축적된 노하우와 고객층, 자본력으로 앞서가고 있기 때문에 후발주자로 시작하는 사람은 모든 면에서 그들의 150% 이상은 따라 잡으려 목표를 세워야 한다. 먼저 출발해서 달려가고 있는 사람을 따라잡으려면, 더 빨리 달려야 하는 것과 같은 이치이다.

쇼핑몰은 6개월 혹은 1년만 버티면 자리를 잡는다고들 한다. 그냥 무식하게 버티기만 한다면 늘어나는 빚만이 기다릴 것이다. 이 기간은 시행착오의 기간이다. 광고든 사입이든 많은 테스트를 해보아야 하고 거기서 나에게 맞는 수치를 찾아야 한다. 70%는 고품질, 고마진의 제품 선정, 카테고리 안의 상품 수, 적절한 광고 등과 같은 기본적인 성공요건을 갖추는 것이고, 나머지 30%는 자신의 쇼핑몰만의 차별화된 매력을 만드는 데 집중해야 한다.

쇼핑몰 디자인, 자본력, 홍보력은 물론 중요하다. 그러나 그에 앞서 호감형 쇼핑몰이 되어야 한다. 우리가 알고 있는 대박 쇼핑몰들은 모두 제각기 다른 모습을 하고 있다. 고객층이나 가격대도 다르고, 컨셉과 취향도 사람의 얼굴만큼이나 다양하고 복잡하다. 우리가 인상이 좋다고 말하는 기준이 모두 똑같은 얼굴은 아닌 것처럼, 개개인의 체형만큼이나 다양하고 다른 수치의 조합이 호감형 쇼핑몰을 만들어 내는 것이다. 어떤 일이든지 그것에 어울리는 수치와 균형이 있는 것이다. 어설프게 좋다는 것만 따라 했다간 앞서 말한 바바리 맨 필(feel)이 된다. 호감형 쇼핑몰이 되려면 꾸준히 테스트하며 내 쇼핑몰에 꼭 맞는 비율, 균형을 찾아야 한다('이 사람, 갈수록 모호한 말만 하는군'이라고 생각하는 분은 좀 더 공부하실 것!).

대형 쇼핑몰이 남성적이고 원칙적으로 대처한다면, 우리 같은 소호몰은 감성적이고 유연하게 대처해야 한다. 그게 소호몰이 가진 경쟁력이다. 특히 여성 고객들은 감정적이다. 쇼핑 역시 기분에 의해 많이 좌우되며, 철저한 가격비교보다는 좋은 느낌을 주는 곳의 단골이 되므로 차별화된 고객 감동의 서비스와 매력을 발굴해야 한다.

고정관념을 버리고 틈새를 보라

다이아 반지를 끼고 진주 목걸이도 하고 싶지만 가격이 부담스럽고, 설령 가지고 있다고 해도 혹시라도 잃어버릴까 봐 편하게 차고 다니기엔 부담스럽다(실제로 우리 고객들이 후기에 남겨 주시는 의견들이다). 우리는 다이아몬드 대신 커팅이 좋은 큐빅을 쓰고, 비싼 해수진주 대신 빛깔이 곱고 무게감도 적당히 있는 고급 핵진주를 사용해서 제품을 만든다.

가격 대비 좋은 제품이란 입소문이 돌면서 우리 고객 중에는 우리가 타깃으로 했던 합리적인 중산층 외에도 명품을 선호하는 부유층도 상당수 있다. 실제 고객 중에는 강남의 유명 산부인과 전문의도 계시고, 부의 상징인 도곡동에 사는 분들도 몇 분 계신다.

실로 미스터리가 아닐 수 없다. '우리가 생각하는 것처럼 그들은 별로 부자가 아닌가?' 그런 생각도 잠시 들기는 했지만, 몇몇 분과 상담하면서 알게 된 사실은 우리 제품이 '잃어버려도 속상하지 않고 편하게 착용하기 좋은 것, 가격 대비 싸고 예쁜 것'이란다.

MD들은 인터넷으로 구매하기에 좋은 가격대로 1~2만 원대를 많이 꼽는다. 각종 오픈마켓이나 대형 쇼핑몰의 베스트셀러나 특별할인가는 대부분 이 정도 가격선이며, 때에 따라 무조건 골라 3개에 9800원 같은 기획상품을 내놓기도 한다.

반면 우리 쇼핑몰의 제품들은 소위 말하는 '인터넷으로 판매하기 좋은 가격대'는 아니다. 게다가 우리 쇼핑몰에서 잘나가는 베스트상품은 5만 원대 이상의 세트제품군이다. 1만원이 넘으면 고객들이 외면할 것이라는 고정관념을 버리라. 인터넷 판매가는 정해져 있는 것이 아니다. 가격에 앞서는 납득이 가는 이유가 있다면 조금 더 비싸더라도 고객들은 주저 없이 선택한다는 것을 알아야 한다.

명품을 벤치마킹하라

내가 예전에 다녔던 보석회사에선 VIP 고객 1명이 전 직원 한 달치 월급에 해당하는 금액의 반지 하나를 망설임 없이 구입하는 경우를 종종 봤다. 이렇게 비싼 걸 누가 사나 하겠지만 생각보다 그런 고객들은 많았다.

사실 수억은 족히 되는 보석들도 실제로 보면 솔직히 그리 대단하지 않다. 전 직장에서 나는 홍보·광고 부분도 담당하고 있었는데 형형색색의 찬란하고 예쁜 그것들을 거의 매달 잡지광고나 제품촬영을 위해 직접 외부 스튜디오로 가지고 나가곤 했다. 흠집이 나지 않게 습자지에 한 번씩 싸서 작은 박스에 담은 후 허름한 내 가방에 넣어 나간다. 부피가 크거나 007 가방은 한눈에 '귀한 것'이란 인상을 주기 때문에 일부러 평범하게 가지고 나가는 것이다.

매장 안에 귀하게 진열되었을 때는 누가 봐도 훌륭하고 고귀한 보석이던 것이 꼬깃꼬깃한 종이 안에 싸여 있으니 액세서리와 별반 다르지 않게 느껴졌다. 요즘엔 이미테이션 큐빅들이 워낙 정교하게 잘 나오니 더더욱 그랬다. 장난삼아 10캐럿짜리 다이아몬드 반지도 손에 끼워 보고 이리저리 살펴봐도 나는 잘 모르겠다. 그래봤자 손톱 크기도 안 되는 작은 돌조각이 단지 '희소가치가 있는 돌덩어리'라는 이유로 그리 비싼 거라고 하기엔 뭔가 설명이 부족하다.

고객이 선택을 할 때는 제품 자체에 대한 디자인이나 기능뿐 아니라 브랜드가 주는 심리적인 가치가 영향을 끼친다. 그만한 물건을 팔기 위해서는 그만한 믿음을 주어야 한다는 얘기다. 명품 브랜드들은 고가의 인테리어, 이미지 광고, 각종 제휴와 VIP 고객들을 위한 특별한 관리는 기본이고, 직원들도 귀금속에 관한 전문적인 지식을 갖춘 엘리트이며 항공사 승무원들처럼 깍듯하고 밝은 표정이다. 고객은 단순히 반짝이는 돌덩어리가 아닌 그 브랜드의 가치와 서비스도 함께 사는 것이다. 그들은 그 돌멩이 안에서 티파니의 역사와 전통, 까르띠에의 우아함과 견고한 장인 정신을 함께 본다. 보석은 고객에게 특별한 것이 되어야 한다. 그렇게 되면 가격은 그 다음에 고려해야 할 사항이 된다.

물론 명품이 되기 위해서는 품질과 브랜드 관리에 막대한 금액을 투자하며 오랜 시간을 쌓아 온 세심한 노력이 있어야 하기에 이제 시작한 지 몇 년 안 되는 쇼핑몰이 흉내 내기엔 어림도 없는 얘기인 것이 사실이다. 게다가 내가 타깃으로 하는 고객들은 대부분 명품을 편하게 구입할 수 있는 부유한 사람들이 아니다. 큐빅이나 다이아몬드나 그게 그거고, 진주인지 구슬인지 잘은 모르지만, 좋아 보이고 고급스러워 보이는 것을 갖고 싶어하는 평범하고 합리적인 사람들이다. 그럼에도 그들에게 특별한 무엇이 되기 위해서는 가치와 함께 서비스를 파는 쇼핑몰이 되어야 하는 것이다. 그리고 그것은 흉내처럼 보이는 작은 노력에서부터 시작된다.

비주얼의 중요성

백화점에 명품 매장을 들어가 보았는가? 제품을 돋보이게 하기 위해 인테리어와 디스플레이에 막대한 돈을 쏟는다.

명품 매장은 절대 제품을 빼곡히 채워 넣지 않는다. 주얼리 한 세트를 눈높이만큼 올려 유리관을 씌워서 스포트라이트를 비추고 주변은 어둡게 유지해서 제품에만 시선이 가도록 분위기를 조성한다. 반대로 같은 백화점일지라도 세일행사를 하고 있는 저가형 매대를 보라. 조금이라도 더 많은 상품을 진열하려고 다닥다닥 붙여서 있는 대로 올려놓았다. 이사람 저 사람 들어다 놓았다 하는 바람에 목걸이 줄끼리 엉키고, 주변의 산만함에 시선이 집중되지 않고 지저분한 느낌마저 든다.

자! 차이를 발견했다면 과연 우리는 무엇을 배워야 하는가. 우리는 같은 물건이라도 어떻게 진열하고 포장해야 좋아 보이는지를 배워야 한다. 액세서리는 말 그대로 액세서리다. 안 해도 특별히 이상할 것은 없지만, 밋밋하고 평범한 옷차림에 활력을 주며 옷을 입은 사람의 센스를 돋보이게도 한다. 인간에 살아가는 데 꼭 필요하다는 의식주에 포함되는 의류가 '기본'이라면, 액세서리는 '포인트'이며 문화다. 패션의 완성을 담당하고 있는 품목으로 가격도 천차만별이다. 포인트가 되어야 하기 때문에 진열이나 포장 역시 개별적이고, 스포트라이트를 받은 듯한 느낌을 살려야 한다.

포장의 중요성에는 제품사진도 해당된다. 구체적으로 사진과 편집 기술이다. 요즘 자본력이 좋은 의류 쇼핑몰들은 전문모델에 해외 촬영까지 편집기술도 굉장하다. 쇼핑몰이 아니라 마치 화보를 보는 듯하다. 특히나 가격대가 높은 여성의류를 주력으로 하는 쇼핑몰들은 대부분 그렇다. 단, 주의할 점은 제품에 비해 너무 많은 비용이 들어가서는 안 되며, 제품을 왜곡할 만큼 좋아 보이면 오히려 역효

밀란케이 쇼핑몰 내의 제품 사진들

과가 나기도 한다.

밀란케이는 제품이 화면의 60~80%를 차지하도록 트리밍하며, 배경은 제품이 왜곡되지 않으면서도 고급스럽게 부각되도록 대조적이면서 차분한 톤을 유지한다. 비주얼의 중요성과 고급제품으로 보이기 위한 노력은 아무리 강조해도 지나치지 않다.

지금도 쇼핑몰 운영을 공부한다

나는 쇼핑몰 운영자이면서 동시에 구매자이기도 하다. 오픈마켓에서는 주로 집에서 편하게 입는 홈웨어나 식품 등을 구입하고, 개인 쇼핑몰에서는 정장이나 외출복, 코트 등 비중이 크고 좀 가격이 나가는 제품들을 구입한다.

개인 몰에서 어느 정도 가격이 있는 옷을 주문하면 로고가 찍힌 두툼하고 고급스러운 박스 안에 습자지로 한 번 더 감싸고 리본까지 매서 제품 취급요령 같은 것이 동봉되어 온다. 자체 제작한 듯한 쇼핑몰 로고가 새겨진 티셔츠가 서비스로 들어 있는 경우도 종종 있다. 받는 사람 입장에서는 '불필요하게 뭐 하러 이렇게 하나? 차라리 가격을 더 깎아 줄 것이지'라는 생각보다는 명품은 아니지만 뭔가 함부로 굴리지 말아야 하며 아껴 입어야 할 것 같은 기분이 든다. 중요한 날에, 외출할 때 입기 위해 옷걸이에 곱게 걸어 두고 보기만 해도 흐뭇하다.

난 우리 제품을 구입한 고객들도 그런 기분을 가졌으면 좋겠다. 그래서 그런 느낌을 준 쇼핑몰의 박스들이나 속 포장, 리본까지 모두 버리지 않고 그대로 가지고 있다. 때로는 박스 안에 포장된 모습을 사진으로 찍어 보관하기도 하며 나중에 밀란케이가 리뉴얼을 해야 할 때를 대비해 자료로 모으고 있다. 신랑은 내가 모은 박스들을 보고 폐지 주우러 다니는 할머니들의 리어카 못지않다고 놀리곤 한다.

무엇이 같은 물건이어도 더 예쁘고 소중하게 보이게 할까? 어떤 요소가 제품을 더욱 빛나게 하고 쇼핑몰이 고객을 배려하는 기분이 들게 할까? 세상은 계속 변화하고 고객의 취향 역시 예측하기 힘들 정도로 빨리 변한다. 아무리 오래된 베테랑이라 할지라도 계속 공부를 하고 연구해야만 한다. 그러나 쇼핑몰 운영이 어느 정도 지나다 보면 매너리즘에 빠지게 된다.

우리는 익숙해지는 것을 조심해야 한다. '내가 몇 년차인데 이런 걸 해'라는 생각을 버려야 한다. 운전면허를 따고 처음 도로를 달리던 초보운전 시절을 생각해 보라. 긴장해서 조심조심 시내를 한 바퀴 돌고 나면 두 어깨가 뻐근하고, 주차가 서툴러 여기저기 긁히기는 하지만 오히려 큰 사고는 없는 편이다. 그러나 차츰 시간이 지나고 운전이 익숙해질 때쯤 도리어 큰 접촉사고가 난다.

나는 쇼핑몰 운영자들의 모임이나 오픈마켓 판매자 지원센터에서 기획하는 쇼핑몰 운영, 홍보 관련 강좌를 종종 찾아 듣는다. 기존의 운영자들은 별 것 아닐 거라 생각하고 무시하기 쉽지만, 소비자의 트렌드는 계속 바뀌기 때문에 아무리 기초적인 강좌라도 막상 가 보면 얻는 것이 많다.

최근에 들은 강좌의 내용을 소개하자면 쇼핑몰이 이루는 요소가 가격, 노출, 품질, 만족도 등 5가지가 있는데 그중에서 2가지를 만족시키면 쇼핑몰 운영이 가능하다고 한다. 또 요즘 성공하는 대부분의 쇼핑몰은 가격경쟁력과 노출을 만족시키는 경우가 많다고 한다. 그런데 이렇게 남들을 따라가기만 하는 것이 아니라 남들과 조금 다른 시각에서 접근을 하면 트렌드를 따라가는 것만큼 많이 벌지는 못할지 모르지만 경쟁이 상대적으로 덜 치열하기 때문에 조금 편해진다. 결론적으로 말하면 밀란케이는 저렴한 가격과 노출의 비중보다는 품질과 만족도에 더 비중을 두고 있는 셈이다.

의류쇼핑몰들은 곁가지로 액세서리를 취급하고 있는데 나는 그런 제품들을 주로 눈여겨본다. 예전에 여성의류 쇼핑몰의 액세서리 판매율이 의류 대비 30%대라는 것을 듣고 깜짝 놀란 적이 있다. 게다가 의류에 비해 마진율이 좋기 때문에 트렌디한 액세서리를 함께 촬영해서 고객으로 하여금 선택한 옷뿐만 아니라 같이 코디되어 있는 액세서리까지 구입하게 하는 시너지 효과를 본다고 한다.

액세서리는 말 그대로 액세서리다. 그렇기에 의상의 영향을 받을 수밖에 없다. 옷이 얇아져서 상대적으로 피부에 닿는 부분이 많아지는 여름에는 알레르기 걱정 없는 은제품이 많이 나가고, 겨울에는 두꺼워진 외투와 칙칙해진 컬러 톤에 포인트가 되는 코사지나 브로치, 롱 목걸이 등이 강세이다. 액세서리 전문 쇼핑몰이다 보니 전체적인 코디나 분위기보다는 액세서리 단품에 초점을 맞추어 촬영을 하게 되는데 반지만 덩그러니 보이거나 목걸이만 두드러지는 사진을 찍게 된다. 그래서 생각 끝에 세트가 아니더라도 분위기가 맞는 제품들을 함께 착용하거나 외출 시의 분위기를 연출해 보기도 한다.

"언니, 나 이 원피스 입고 찍어 볼까?"

"야, 예쁘다. 어디서 파냐고 문의 들어오는 거 아냐? 흐흐."

"그러냐? 좀 튀지?"

"응. 난 옷은 되도록 무채색이 좋다. 아니면 디자인이 심플하거나. 그래야 귀걸이 한 게 눈에 띌 거 아냐?"

의류 쇼핑몰을 벤치마킹하는 이유는 일명 must have item이라 할 수 있는 시즌 트렌드 상품을 읽을 수 있기 때문이다. 일반 트렌드 잡지의 경우 하루 날 잡아 e-book으로 결제해서 한꺼번에 빠르게 훑어본다. 대중적인 스타일을 확인하기 위한 것이라 굳이 실제로 구입할 필요가 없고, 정기구독 했다간 넘쳐 나는 잡지에 정신이 하나도 없을 것이 뻔하기 때문이다(앞서도 얘기했지만 이미 이래저래 모아 놓은 자료들이 창고 한가득이다). 나는 최대한 자료와 정보를 함축하는 편이다. 모두 꼼꼼히 들여다볼 시간이 없는 것도 이유긴 하지만 합리적인 방법도 아닌 것 같다. 내가 필요한 부분만 캡처하고 스크랩해서 파일로 저장해 두었다가 A4 용지에 들어오도록 필요한 부분만 포토샵으로 정리해서 프린트한다. 일종의 이미지맵 같은 것이라고나 할까? 이 자료들은 동생과 상의하거나 신제품을 만들기 위한 참고 자료로 아주 유용하게 쓰고 있다.

시장조사 데이터와 자료들을 분류, 스크랩해 놓은 파일들

그 밖에는 귀금속 전문지와 〈노블레스〉 같은 럭셔리 잡지 등을 격월로 주문해서 보고 있다. 잡지로 고시공부를 하는 것도 아니고 그렇게 긁어모아 두고 또 웬 잡지냐고 생각할지도 모르겠다. 지금의 밀란케이는 직장인 시절 귀금속 회사에 몸담고 있는 동안 높은 퀄리티의 보석과 세팅, 명품 잡지들을 보고 고민하며 노력해 왔던 시간들도 일조한 것이라 생각한다. 명품을 다루는 쇼핑몰은 아니지만 좋은 제품을 보는 안목도 생기고 연출력도 향상되기를 바라는 마음에 지금도 꾸준히 주문해서 보고 있다.

쇼핑몰은 작가의 개인 전시회가 아니다. 일관된 컨셉을 보여주기 위해 내 방식으로만 모든 제품을 채워 넣지 않도록 조심해야 한다. 원하는 제품만을 조회해서 바로 구입하는 일반적인 남자 고객들의 쇼핑 패턴과는 상반되게, 여성 고객들은 독특한 디자인이나 아이템으로 눈길을 끌어야만 내 쇼핑몰에 오래 머무르게 할 수 있다. 그런 면에서 쇼핑몰 호스팅사에서 제공하는 통계자료를 꾸준히 체크해 본 결과, 고객이 우리 사이트에 들어와 처음 클릭한 제품, 즉 고객의 눈길을 끈 제품과 그 고객이 최종적으로 구입한 제품은 대부분 일치하지 않았다는 것을 알게 되었다. 아이쇼핑을 즐기는 여성 고객들은 독특하고 가격대가 높은 제품들을 클릭하며 구경하다가 최종적으로는 최근 유행하는 무난한 디자인과 가격대의 단품들을 주로 구입한다. 20~30% 내외의 소수를 제외하곤 대다수 여성 고객들이 그런 소비 성향을 보였다.

실제로 고객들은 볼거리가 많은 (다른 쇼핑몰과 차별화된 독특한 제품들이 많은) 쇼핑몰에서 오래 머무르지만, 막상 구입을 할 때는 무난하고 눈에 익은 디자인의 제품을 대부분 선택한다. 우리의 궁극적인 목적은 '고객이 구매를 하도록' 하는 것이다. 그렇기에 제품들은 내가 좋아하는 스타일은 아니지만 대중적으로 유행하는 디자인과 마니아적인 독특한 디자인의 비율을 대략 7:3 정도로 유지하려고 한다. 부담 없으면서도 트렌디한 디자인이나 소재를 어느 정도 구비하고 있어야 비로소 내 쇼핑몰에서 결제가 이루어진다.

또한 메인화면의 제품 배치에 따라서도 고객이 머무르는 시간이 달라진다는 것도 유념해야 한다. 우리는 일주일에 한 번 정도 배치에 변화를 주는데, 통계자료를 확인해서 가장 많은 조회 수를 가진 키워드와 제품들을 메인화면에 배치한다. 그리고 사이트가 밋밋해지지 않도록 사이사이에 컬러가 강한 제품이나 독특하고 고가인 제품들을 끼워 넣어 쇼핑몰에 색깔을 준다.

쇼핑몰뿐 아니라 그 어떤 일이든 뿌린 대로 거둔다는 자연의 법칙에서 벗어날 수 없는 것 같다. 농부가 씨를 뿌리고 정성을 들여 가꾼 만큼 열매가 열리듯이, 쇼핑몰도 고민하고 정성을 들인 만큼 성장을 한다. 소위 대박을 친 쇼핑몰 중에선 운이 좋았다고 하는 사람도 있지만 말 그대로 운이다. 평생 운이 좋을 거라는 장담도 없고 말 그대로 운이었기에 오래가지 못하고 오히려 많은 빚을 지고 폐업하는 경우가 많다. 운이란 뜬구름 같은 것이기에 아예 염두에 두지 말자. 성공이 말처럼 그렇게 쉽다면 누구도 실패를 겪을 이유가 없다.

에필로그

직장인들이 모두 떠난 늦은 오전 10시. 출근 전쟁이 지나간 한산한 버스를 타고 남대문을 나간다. 정류장 앞 편의점에서 산 커피를 들고 햇살이 쏟아지는 창가 쪽 좌석에 자리를 잡았다. 창밖으로 보이는 상점들, 지나가는 사람들…. 홀짝 홀짝 커피를 마시며 멍한 기분을 즐기는 동안, 라디오에서는 어느 쇼핑몰 호스팅 업체의 광고가 흘러나오고 있었다.

"쇼핑몰, 어렵지 않았어요. 디자인에서 운영까지 ××에서 알아서 다 알려주니까요."

처음에는 어차피 뻔한 내용이라 별 신경을 안 썼는데, 끝 부분에 나오는 말이 귀에 꽂힌다.

"이제 돈 벌었으니까 유학 갈 거예요!"

캑…!! (커피 뿜을 뻔 했다!) '쇼핑몰로 돈 벌어서 유학 갈 거라구?' 뒤통수를 한 대 얻어맞은 기분에 헛웃음이 나왔다. 젊은이들 사이에 미니홈피만큼이나 유행이라는 쇼핑몰 창업. 쇼핑몰을 일종의 단기 아르바이트처럼 돈 버는 수단으로 생각하는 사람들이 많아서일까? '개나 소나 하는 쇼핑몰' 취급 받는 것에 그렇지 않아도 까칠했던 내 심기를 제대로 건드렸다.

주변 사람들은 벌건 대낮에 수시로 돌아다니는 나를 전업주부로 알거나, 혹은 집에서 인형 눈알 같은 거 붙이는 줄 안다. 그럼에도 굳이 쇼핑몰 한다고 나서서 얘기하지 않는 이유는 대부분은 "그래? 그럼 나도 해 봐?" 하며 아무렇지도 않게 호기를 드러내기 때문이다.

사람은 쪼들리고 힘들 때는 사는 목적이 오로지 돈이 된다. 돈을 많이 벌면 이 고생에서 벗어날 수 있고, 하고 싶은 것을 하려고 해도 우선 돈이 필요하고. 그래서 좀 더 쉽게, 빨리 돈을 벌 수 있는 일을 우선으로 찾는다. 그리고 쉽게 떠올리는 것이 쇼핑몰이다. 그러나 쇼핑몰 운영이 학력도 경력도 필요 없다고 노력도 필요 없는 일은 아니다. 아니, 남들보다 수십 배는 노력하고 열정을 쏟아 부어야만 살아남는 약육강식의 정글이다.

흔한 말로, 돈을 좇지 말고 꿈을 좇으란 말이 있다. 돈을 좇으면 마음이 급해진다. 시간이 지날수록 재미도 없고 열정이 없으니 장사가 잘 될 리도 없다. 우리에게는 누구나 돈을 떠나 로망이란 게 있다. 프랑스나 이태리로 유학을 떠나거나, 캠핑카를 끌고 아프리카 세렝게티 초원을 지나는 긴 여행, 마당 있는 넓은 집에서 시베리안 허스키 같은 큰 개를 키우는 것, 인테리어가 근사한 카페 혹은 예쁜 꽃집의 주인장이 되는 것.

내게 로망은 내 이름을 내건 브랜드 론칭이었다. 그것의 시작이 내 쇼핑몰이 되었고, 그래서 아직까지 즐겁게 일하고 있는 것 같다. 일확천금을 얻기 위해서가 아니라 쇼핑몰을 운영하면서 여유 있고 재미있게 살아가는 것을 로망으로 생각한다면, 내 대답은 누구나 충분히 가능하다고 말하고 싶다. 그리고 먼저 시작한 입장에서 이 책이 작은 조언이 되었으면 좋겠다.